FACULTÉ DE DROIT DE PARIS

HISTOIRE

DE LA

DISTINCTION DES BIENS

EN MEUBLES ET IMMEUBLES

A ROME, EN PAYS COUTUMIER ET DANS LE CODE CIVIL

THÈSE POUR LE DOCTORAT

PAR

Charles JACQUES

Avocat à la Cour d'appel,

Lauréat de la Faculté de Droit de Paris (2e prix de Droit français, Concours de licence)

PARIS

L. LAROSE ET FORCEL

Libraires-Éditeurs

22, RUE SOUFFLOT, 22

1884

THÈSE

POUR LE DOCTORAT

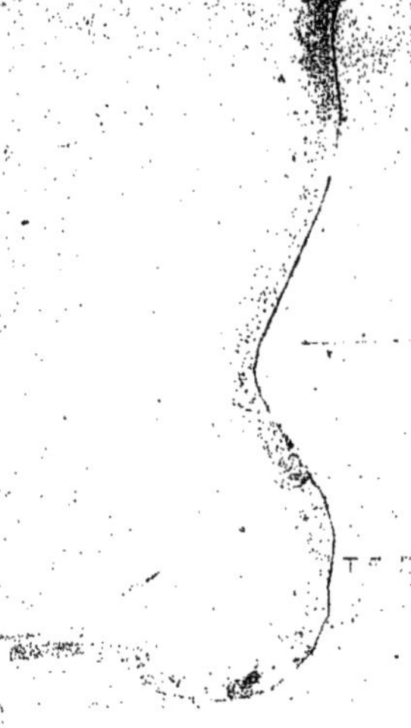

FACULTÉ DE DROIT DE PARIS

HISTOIRE

DE LA

DISTINCTION DES BIENS

EN MEUBLES ET IMMEUBLES

A ROME, EN PAYS COUTUMIER ET DANS LE CODE CIVIL

THÈSE POUR LE DOCTORAT

Soutenue publiquement devant la Faculté de Droit de Paris

Le vendredi 4 Juillet 1884, à 1 heure 1/2

PAR

Charles JACQUES

Avocat à la Cour d'appel,

Lauréat de la Faculté de Droit de Paris (2e prix de Droit français, Concours de licence)

PRÉSIDENT : M. COLMET DE SANTERRE.

Suffragants : MM. GÉRARDIN, GLASSON, professeurs. LEFEBVRE, BEAUREGARD. agrégés.

PARIS

L. LAROSE ET FORCEL

Libraires-Éditeurs

22, RUE SOUFFLOT, 22

1884

A MES BIENVEILLANTS MAITRES

Témoignage de reconnaissance.

HISTOIRE DE LA DISTINCTION DES BIENS
EN MEUBLES ET IMMEUBLES
A ROME, EN PAYS COUTUMIERS ET DANS LE CODE CIVIL

INTRODUCTION

Tous les biens sont meubles ou immeubles, dit le Code civil dans son article 516 ; et aussitôt, pour donner l'énumération des biens ainsi classés, il subdivise les immeubles en immeubles par nature, par destination, par l'objet auquel ils s'appliquent. Il faut à cette énumération ajouter une nouvelle catégorie d'immeubles qui n'a été créée que par des lois postérieures et qu'on est convenu d'appeler les immeubles par permission ou détermination de la loi. D'après le Code les meubles se composent de meubles par nature et par détermination de la loi. C'est la vue de la nature qui a inspiré l'idée de cette distinction. Les objets du monde extérieur qui frappent nos sens sont diversement doués. Les uns, comme le sol, les arbres qui y adhèrent et tout ce qui fait corps avec lui, sont inertes ; ils ne peuvent ni se donner à eux-mêmes le mouvement, ni profiter de l'impulsion qu'une force étrangère leur communique. D'autres, au contraire, sont susceptibles de déplacement : ceux-ci, parce qu'ils ont en eux la force nécessaire pour se transporter d'un lieu à un autre, ceux-là, simplement parce que, quoique inertes de leur nature, ils ont une organisation qui les rend aptes à utiliser la force extérieure avec laquelle ils se trouvent momentanément en contact. Les objets absolument incapables d'être mus, immobiles, sont les immeubles ; les autres sont les meubles, que l'on comprend sous cette unique désignation, que leur mouvement leur soit propre, ou qu'il ne soit que la résultante des efforts d'une force étrangère extérieure. C'est ce caractère inhérent aux choses, cette aptitude ou cette inaptitude au mouvement qui a été prise par le Code comme le point de départ de sa classification. Il y aurait là un critérium qui donnerait une division naturelle, exacte, conforme à la vérité des faits, s'il ne devait servir qu'à distinguer en meubles et immeubles les choses. Mais ce n'est pas le fait du législateur de se contenter d'étudier les choses en elles-mêmes et pour elles-mêmes. Il a pour mission de fixer les rapports des hommes entre eux et avec les choses. C'est donc, non pas la chose en elle-même, telle qu'elle est dans le monde extérieur, qui fait l'objet de ses réglementations, mais bien la chose en tant qu'elle est en rapport avec l'homme, en tant qu'elle est susceptible d'être frappée par des droits à son profit, en tant qu'elle peut lui présenter une utilité. En un mot ce sont les biens, que le législateur envisage. Dès lors il est facile de comprendre que la division des biens, des droits qui frappent les choses au profit de l'homme, en meubles et immeubles, ne peut plus s'imposer avec la même rigueur, la même logique, que la distinction des choses. Le droit par lui-même n'est ni meuble ni immeuble : il n'est qu'un simple rapport juridique, une pure conception de l'intelligence humaine ; il n'a donc pas d'existence matérielle ; il ne participe donc par lui-même ni du mouvement ni de l'immobilité ; ce sont là des notions qui lui sont absolument étrangères. Il n'y a donc aucune raison d'appliquer comme principe de la division des biens un caractère qui n'est pas le leur plutôt qu'un autre. Mais du jour où on l'applique, parce qu'on identifie le bien avec l'objet du droit, et où on donne au bien le caractère de l'objet, il n'y a plus de raison sérieuse de restreindre la division à une seule classe de droits. Mais alors comment classer certains biens? A quoi pourra-t-on reconnaître s'ils doivent être meubles ou immeubles? On devra ne considérer les biens et ne leur assigner une place dans la distinction, que d'après la nature de l'objet du droit. C'est là le procédé qu'il faudra employer, car lui seul permet d'espérer une classification naturelle et logique. A-t-il toujours été suivi ? A cet égard il faut répondre non. C'est, du reste, chaque fois que le législateur, toujours bien pénétré de son rôle de protecteur des intérêts pécuniaires des citoyens, a voulu considérer les résultats de la classification appliquée d'après les principes stricts, qu'il a corrigé ce qu'il leur trouvait d'excessif et qu'il a fait dévier et tomber dans l'arbitraire notre distinction. C'est qu'en effet les choses immobilières ont des qualités qui doivent en faire des biens vus avec faveur par le législateur. En dehors de cette inaptitude au déplacement qui leur donne une assiette fixe et par conséquent des moyens de protection plus efficaces, l'immeuble, le sol a pour lui la perpétuité. A des époques périodiques il donne des produits qui sont chaque fois sensiblement les mêmes et qui n'altèrent pas sa valeur. Ne sont-ce pas là deux éléments qui contribuent à faire de l'immeuble un bien de valeur réelle, stable et peu sujette à des fluctuations. Le meuble, au contraire, est en général périssable de sa nature. C'est un être animé, et même, parmi ces meubles qui ne sont pas doués de mouvement propre, qui ne sont que des fractions du sol auquel ils ont été arrachés, combien en est-il aussi qui sont appelés à n'avoir pas de durée. S'il en est ainsi parmi les meubles qui produisent des fruits, peut-on dire que c'est avec la même périodicité et absence de dépréciation du meuble ? Mais ce qui frappe le plus dans la valeur du meuble, c'est qu'elle ne présente pas ce caractère de stabilité qui distingue l'immeuble. Aujourd'hui encore, alors que les meubles ont acquis une valeur considérable, on reconnaît que celui qui achète un immeuble fait un placement. A-t-on toujours la même opinion de celui qui achète des meubles ? C'est que les meubles sont l'objet d'un commerce incessant et très actif, qui les expose à de brusques variations de valeur indépendantes de l'importance réelle. Grâce en effet à leur aptitude au mouvement, les meubles sont transportés par leurs propriétaires sur le marché, où ils sont l'objet de nombreuses demandes et par conséquent où ils ont une haute valeur, déjà un peu de convention. Le résultat de l'apport en masse de ces biens est de l'avilir et de leur faire perdre, en un instant bien au delà de ce que leur avait fait gagner leur rareté sur le marché. De plus leur mobilité elle-même est une cause de dépréciation. Le propriétaire n'a pas sur eux le pouvoir d'action qu'il a sur ses immeubles. Bien souvent les meubles lui échappent et se dérobent à ses recherches. C'est bien souvent parce qu'il s'est rendu compte qu'à cause de sa fixité l'immeuble était plus facile à protéger que le meuble, que ce dernier était en général un élément moins important de la fortune privée, que le législateur a méconnu les conséquences, auxquelles devaient le conduire les principes, pour faire passer d'une classe dans l'autre les biens meubles, qu'il juge dangereux de laisser dépourvus d'une suffisante protection. Le résultat est de faire dévier la classification et de lui donner un caractère artificiel.

Nous nous proposons, dans cette étude, de rechercher à quel point les législateurs ont été pénétrés des raisons des différences entre les meubles et les immeubles que nous venons d'exposer. A Rome, on divisa les biens d'après leur importance et utilité. L'idée de considérer certains biens comme ayant une plus grande valeur ne s'applique qu'aux seules choses, et l'on ne peut guère dire qu'elle ait été à l'origine étendue aux droits. Cela est vrai que la division soit celle des *res mancipi* et *nec mancipi*, ou que ce soit la division des biens en meubles et immeubles. Connues à la même époque des Romains, elles ne jouent pas toutes les deux à la fois un rôle important. Les *res mancipi* furent tout d'abord l'objet de toute la sollicitude des législateurs romains. Prenant pour guide de leur classification l'importance, des biens ils rangèrent dans cette catégorie des *res mancipi* tout ce qui leur parut avoir une grande valeur et posèrent un ensemble de règles dont le but était d'assurer la conservation de ces choses dans le patrimoine, dont elles composent la partie la plus considérable, mais en même temps de faire connaître à tous les intéressés quand et comment l'une de ces *res mancipi* changeait de maître. Étaient *res mancipi* les fonds de terre, les esclaves, les bêtes de somme et de trait et les servitudes prédiales rustiques. C'étaient là les seules *res mancipi*. On peut donc dire que les biens incorporels ne se trouvaient point en général dans cette classe de biens. (Gaius, II, 17.) Le droit commun était le droit auquel étaient soumises les *res nec mancipi*. Ce droit en effet régissait tous les biens qui entraient dans le patrimoine des Romains. Les biens incorporels étaient cependant en dehors de ce droit, au moins en ce qui concerne les obligations de beaucoup les plus importantes des *res incorporales*.

C'est dans les mêmes limites que se mouvait alors la distinction des biens en meubles et immeubles. N'était susceptible de trouver place dans cette distinction, que le seul droit de propriété. Portait-il sur un immeuble, le bien était immeuble lui-même. Etait-ce au contraire un meuble qui était affecté de ce droit, le bien était meuble. A cette époque, aucun bien incorporel n'avait droit à l'une de ces qualifications. L'intérêt de la distinction se manifestait uniquement alors en matière de prescrption *de furtum*, d'interdits et d'acquisition de la possession. Il vint un jour où les *res mancipi* ne furent plus les seuls éléments importants de la fortune, où le mode de transmission de ces biens devint gênant : de ce jour la distinction des biens en meubles et immeubles tendit à se substituer à la première. Mais de ce jour une catégorie de biens fut l'objet de la sollicitude autrefois manifestée pour les *res mancipi;* l'autre prit la place des *res nec mancipi*. Les immeubles avaient été rangés parmi les *res mancipi*, à cause de leur importance. De plus certains meubles, autrefois *res mancipi*, gagnaient à être assimilés aux immeubles, qui ne valaient que par eux : ce sont les esclaves rustiques, les bêtes de somme ou de trait. Les attacher au sol, en faire des accessoires inséparables des fonds, c'était leur assurer la somme de garantie octroyée aux immeubles. Il restait encore un bien incorporel, jadis jugé important en dehors de la classification : c'était la servitude prédiale. Si d'un meuble on pouvait faire un accessoire d'un immeuble, était-il plus difficile d'un bien incorporel de faire un nouvel accessoire de cet immeuble? Non, et le préteur n'hésite pas à faire des servitudes des biens susceptibles de quasi-possession. Ce droit n'est pas le seul bien incorporel qui pénètre dans la classe des immeubles. Avec le temps les Romains font bénéficier des garanties accordées aux immeubles de simples créances nées à leur occasion. Quelles étaient donc ces garanties? C'était l'inaliénabilité du fonds dotal italique de la femme; l'impossibilité dans laquelle se trouvait le tuteur d'aliéner les immeubles du mineur. C'était encore le régime appliqué aux biens des curiales et des églises, dont on assure par le même procédé la conservation dans les derniers siècles de Rome.

Quelle qu'ait été l'importance que prenait à Rome cette distinction, il faut reconnaître que notre ancien droit français lui fit jouer un rôle beaucoup plus prépondérant. La féodalité, établissant le seigneur propriétaire de toutes les terres sur lesquelles s'exerçait son autorité, faisait de lui, en même temps, un souverain. A l'occasion des fiefs qu'il avait concédés, il avait droit à des prestations pécuniaires; mais il avait aussi des droits honorifiques. Si le droit romain n'arrive que dans son dernier état à donner à la créance le caractère meuble ou immeuble du bien à l'occasion duquel elle naît, c'est cette idée qui est le point de départ de notre ancien droit. Tous les droits auxquels donne naissance, au profit du suzerain, la relation qui existe entre lui et son vassal, ou son serf, ou son vilain, n'existant qu'à l'occasion de la concession de la terre du fief ou de la censive, sont des droits immobiliers, comme le fief dominant lui-même. La terre profite de ce chef d'une nouvelle augmentation de valeur. Déjà importante à Rome, ne doit-elle pas l'être encore davantage dans notre ancien droit? Aussi un système complet de protection des droits de la famille se développe-t-il au même moment. Ce n'est pas seulement en matière de droits féodaux que les immeubles jouent un rôle absorbant. A côté des droits dont la seule raison d'être est le fief, en apparaissent d'autres, qui, nés aussi à l'occasion d'immeubles, empruntent leur place dans la distinction à leur cause originelle. A cette époque, les immeubles sont tellement nombreux et les biens, en dehors de cette catégorie, sont de si faible valeur, que l'axiome : *Mobilium vilis possessio*, est absolument exact. Il en résulte que les règles de droit qui ne s'occupent que de ces biens meubles, portent toutes la marque de ce mépris, que l'on manifeste pour tout ce qui est meuble. Chacune des règles, au contraire, qui visent les immeubles, atteste, par elle seule, que le bien pour lequel elle a été créée, est digne de toute la sollicitude de la loi. C'est qu'en effet, elles concourent toutes à assurer au propriétaire et à sa famille la conservation de la propriété de l'immeuble. N'est-ce point lui qui assure la puissance, la splendeur, ou tout au moins la fortune, et par conséquent, le rôle important du propriétaire. Si un bien n'est vu avec faveur et protégé qu'à la condition d'être compris dans la classe des immeubles, la tendance des légistes sera de faire considérer comme tel tout bien nouveau qui à sa naissance se manifestera avec ce caractère, fût-il même un simple bien incorporel.

Un système juridique qui reposait sur le principe de la supériorité d'une terre sur l'autre, sur l'inégalité, dans bien des cas, des droits à la succession ; sur la quasi-indisponibilité du bien, dans les mains du propriétaire, devait recevoir de profondes réformes, avec l'apparition d'un ordre social dont la base était l'égalité des droits de chacun. Les lois de la Révolution supprimèrent de nombreux droits immobiliers, grossirent de quelques meubles importants la catégorie de biens dont la valeur paraissait négligeable ; elles firent en même temps disparaître ce qui était la raison d'être du dédain des meubles. Aux rédacteurs du Code civil incombait la charge de mettre en harmonie les règles de protection, de conservation et de transmission avec l'importance des biens. Peut-être est-il permis de reprocher au législateur de 1804 de n'avoir pas suffisamment compris, qu'adoptant en principe les réformes introduites par les lois de l'époque intermédiaire, maintenant comme prépondérante la distinction des biens en meubles et immeubles, il ne convenait pas d'inscrire dans notre droit des règles dont l'unique raison d'être, dans notre ancien droit, se tirait uniquement de l'axiome, désormais erroné : *Vilis mobilium possessio*. Certes les meubles n'avaient point encore alors le rôle que nous leur connaissons ; mais ils étaient déjà trop importants et trop nombreux pour que chacune des nombreuses réactions contre leur œuvre ne soit pas à considérer comme un nouveau reproche à eux adressé. La preuve de cette allégation ne se trouve-t-elle pas dans ce fait, que presqu'au lendemain de la publication du Code, ce défaut d'harmonie se manifestait sur de nombreux points. C'est surtout sur le rôle des meubles incorporels, et leur importance, que le législateur s'était mépris. C'est sur ce terrain, principalement, que s'exercera l'œuvre de réforme.

DROIT ROMAIN

Les premiers documents que nous avons de la législation romaine, nous fournissent la preuve que les Romains comprirent qu'il n'était pas possible de réglementer uniformément les droits qui portent sur les meubles et les immeubles. Ils n'éprouvèrent pas le besoin d'établir une division des biens en meubles et immeubles et ne virent ici matière qu'à des différences tirées de la nature des choses. C'est que, par suite d'une confusion qu'ils commirent, ils n'appliquèrent nos qualifications qu'au seul droit de propriété. C'est uniquement quand il s'agit de l'acquisition , de la perte ou de la constatation en justice, du droit à la propriété ou à la possession, que se manifestèrent les conséquences. La distinction ne devait pas garder ce caractère restreint. On en vint à considérer les immeubles, ruraux surtout, comme ayant une grande importance. De ce jour nous allons voir la distinction des bien entrer dans une nouvelle voie. C'est parce que le législateur découvrit dans ces biens immeubles des éléments spéciaux d'importance qu'il créa des règles, en vertu desquelles des droits dont l'objet est mobilier furent traités comme immeubles et soumis avec eux à un ensemble de garanties que le droit antérieur ne leur appliquait pas. Il y eut là une voie nouvelle ouverte, dans laquelle les jurisconsultes romains n'hésitèrent pas à marcher. Jusqu'où sont-ils allés? Beaucoup plus loin, comme nous le verrons, que leurs prédécesseurs. Ils ne renfermèrent cependant pas les conséquences nouvelles dans une division. Les résultats auxquels ils arrivèrent, ne sont pas toujours exempts d'arbitraire. Il est bon toutefois de noter que, quelle que soit l'importance qu'on reconnaît aux immeubles, jamais on n'arrivera à Rome, à dénier aux meubles toute valeur; c'est que dans cette catégorie, on continuera toujours à ranger des esclaves dont la valeur ne devait certes pas être diminuée à l'époque où cette distinction prit son plus grand essor, à la fin de l'empire.

DIVISION DES DROITS EN RÉELS ET PERSONNELS

Parmi les nombreuses classifications des biens que les Romains ont établies, il en est deux qui dominent tout leur droit et qui, quoique passées sous silence par les rédacteurs du Code, ont encore dans notre législation le même rôle prépondérant. En plusieurs point ces distinctions se confondent avec la division des biens en meubles et immeubles; aussi croyons-nous devoir les exposer brièvement. Ces deux divisions, dont nous voulons nous occuper tout d'abord, sont : la division des droits en réels et personnels et des biens en corporels et incorporels. La classification des droits en réels et personnels est importante au point de vue pratique. Elle est très juridique. Pour établir cette distinction, on analyse le droit lui-même. On remarque que si le droit existe toujours au profit d'un homme, il peut frapper une chose ou un autre homme. Le droit est réel quand il crée une relation juridique entre l'homme et une chose, directement, sans intermédiaire. Ce droit confère à l'homme, un pouvoir direct et immédiat d'action sur la chose qui en est l'objet. C'est le maître du patrimoine, dans lequel se trouve ce droit, qui est lui-même en rapport avec la chose. Le type de droit réel, c'est le droit de propriété. Le droit est personnel quand le rapport juridique existe entre l'homme titulaire du droit et un autre homme, second élément du rapport. Ce droit personnel, en dernière analyse, se réduit en un droit à une chose ou en un fait; mais il ne confère pas, sur la chose , cette puissance directe immédiate : il ne fait que donner un pouvoir sur la personne, tenue dans tous les cas d'un fait, d'une abstention, d'une livraison, tout au moins. Le titulaire du droit n'est plus en rapport direct, immédiat, qu'avec la personne tenue de la prestation. C'est par son entremise, c'est par son fait seul, que la chose se trouvera en rapport avec le maître, et ceci ne se produira qu'au moment où, accomplissant, éteignant l'obligation , la personne tenue aura détruit le droit personnel. Le type du droit personnel, c'est le droit de créance. De ceci, il résulte que celui qui a un droit réel étant en rapport direct avec la chose ; peut, à son profit, tirer toute l'utilité de la chose; dans l'autre cas, au contraire, comme il ne se trouve pas en relation avec elle, il ne profite pas de son utilité. On dit que le droit réel est absolu : on veut désigner ainsi cette qualité que possède le droit réel, de pouvoir être opposé à tout le monde, d'exister, au regard de tous et de donner à son titulaire , la faculté d'exiger de chacun le respect de son droit. Comme contre-partie, le droit réel ne permet pas d'exiger plus des tiers. Le droit personnel, au contraire, n'existe qu'au regard d'une seule personne : la personne liée par le rapport juridique, le débiteur ; mais en revanche, ce débiteur ne peut pas se contenter de respecter le droit du créancier, il doit donner satisfaction à ce dernier, il doit une dation, ou un fait. Si le droit réel existe à l'encontre d'un plus grand nombre de personnes, il n'astreint chacune d'elles qu'à ne point porter atteinte à mon propre droit. Le droit personnel ne s'adresse qu'au seul débiteur, mais il l'oblige à un fait plus précis, qui relève plus de sa volonté : il doit accomplir un acte, s'en abstenir, faire une prestation. Respecter mon droit, n'est point suffisant de sa part, il doit agir, donner ou faire, Ce caractère absolu du droit réel, relatif du droit personnel, nous le trouvons constaté dans la formule d'action, que le préteur délivrait au citoyen, qui voulait faire reconnaître en justice son droit contesté. S'agit-il du droit réel type : nous ne voyons pas dans la partie de la formule dans laquelle on expose les prétentions du demandeur, figurer le nom du défendeur : *Si paret rem Auli esse :* c'est que, si ce droit existe, ce n'est pas contre le défendeur seul, c'est à l'égard de tout le monde. Si le demandeur tient à établir l'existence à son profit d'un droit personnel, on voit figurer, à côté de sa prétention dans sa prétention même, le nom du débiteur : de *Negidius Numerius : Si paret Numerum Negidium Aulo Agerio dare oportere.* C'est que le droit qu'invoque Aulus n'existe pas contre une autre personne que Negidius. Si le droit réel est opposable à tout le monde , il procure au titulaire l'avantage de pouvoir rechercher la chose objet du droit réel, dès qu'elle est sortie de sa puissance. Propriétaire d'une chose que j'ai perdue, je ne suis pas désarmé, je ne suis pas dépouillé de tout droit sur ma chose. Je puis rechercher en quelles mains elle se trouve, et intenter contre le possesseur actuel une action qui tend à faire rentrer en ma possession ce dont je suis privé : c'est la revendication. Créancier, au contraire, d'une chose qu'on doit me livrer, je ne puis, si mon débiteur aliène cette chose, agir contre le nouveau possesseur; car il n'y a pas de relation directe entre moi et cet objet : Je n'ai de droit sur lui que par l'intermédiaire du débiteur, qui s'est dépouillé de son droit et a fait disparaître le mien sur cette chose. Je n'avais qu'un droit à la livraison de cette chose, et je ne puis dire au nouveau possesseur de me la livrer, car il n'a pris aucun engagement envers moi. On exprime ces idées en disant : que le droit réel donne un droit de suite, dont n'est point armé le droit personnel. Le droit réel donne un avantage qui n'est point attaché au droit personnel; c'est le droit de préférence. Titius et Mœvius sont chacun créanciers de Sempronius, pour une somme de 100. Le patrimoine de ce dernier ne valant que 150, ne pourra suffire, pour désintéresser ces deux créanciers. Il en résultera que chacun d'eux devra supporter une perte de 25 et ne recevra que 75 au lieu de 100. En vain Titius alléguera-t-il qu'il est devenu créancier à une époque où Sempronius était très solvable, puisqu'il possédait 150. Simple créancier, il n'a pas de droit de préférence, et comme Mœvius, qui n'a acquis de droit sur la personne de Sempronius qu'à un moment, où celui-ci devenait insolvable, il devra subir une perte. Mais il en serait différemment, si l'un des créanciers avait acquis un droit réel sur les biens de Sempronius. Mœvius, en prêtant, connaît le mauvais état des affaires de Sempronius; il ne se contente pas d'une simple créance, il exige la concession d'un droit réel : une hypothèque, sur les biens de son débiteur; quand Titius voudra se faire payer, sa situation sera bien plus mauvaise. Quoique créancier antérieur, il ne pourra pas exiger 100, il ne pourra même pas demander le partage des biens de Sempronius, il sera dans la nécessité de ne recevoir que 50; car le droit réel, concédé à Mœvius donne à ce dernier, le pouvoir d'exiger le payement intégral de sa créance, de méconnaître le droit de Titius, tant qu'il n'aura pas été complètement désintéressé. Il en serait de même quand Titius invoquerait une hypothèque qui lui aurait été octroyée par Sempronius, mais postérieurement à celle de Mœvius. Pour les droits réels, il y a préférence : *prior tempore potior jure*. Titius était créancier, non pas de 100, mais d'un cheval qui valait 100. Sempronius, avant de lui livrer ce cheval, a constitué une hypothèque au profit de Mœvius. Titius, recevant la tradition, devient propriétaire ; mais il n'en devra pas moins, respecter le droit réel, qui a été constitué au profit de Mœvius et laisser celui-ci se payer, sur le montant de la vente du cheval, s'il ne préfère le désintéresser lui-même, en payant le montant de la créance. Si nous nous demandons quels sont les droits réels, nous sommes obligés de constater qu'ils sont multiples. Nous avons dit que le type était le droit de propriété ; nous avons cité un autre exemple, le droit de gage ou d'hypothèque ; il faut y ajouter les servitudes prédiales, le droit d'usufruit, usage et habitation. Voilà ce qu'ils comprenaient à Rome ; mais cette liste n'a rien d'absolu. On peut concevoir d'autres droits, recevant ce caractère, et nous aurons occasion d'en rencontrer quelques-uns. Le droit personnel se distingue encore en ce point du droit réel, car il est unique : c'est toujours un droit de créance.

DIVISION DES BIENS EN CORPORELS ET INCORPORELS

Les objets du monde extérieur, ceux qui frappent nos sens, les choses en un mot, ont été les premiers éléments du patrimoine de l'homme. C'est seulement par l'appropriation privée, en établissant sur les choses son droit de propriété, que l'homme est arrivé à obtenir toute l'utilité qu'elles sont capables de procurer. Habitué à ne voir dans les choses que l'intensité de la puissance du titulaire du droit de propriété sur ces objets, l'homme n'a pas remarqué que la relation juridique qui existe entre le maître et sa chose constitue un droit. On ne voit pas le droit, on ne voit que la chose. Pendant longtemps du reste, le droit de propriété fut le seul élément de la fortune de l'homme. Le propriétaire ne se livrait pas à de profondes analyses juridiques. Il lui suffisait de savoir, que le troupeau qu'il menait avec lui était sa chose. Il ne se demandait pas à quel titre; l'idée ne lui en venait pas, il ne concevait pas d'autre droit. De nos jours encore, ce sentiment est partagé par un grand nombre de propriétaires, qui ne savent pas que leur droit de propriété n'est qu'une conception juridique. Cette idée se traduit dans ce langage : « Ma chose, » et jamais les efforts des juristes ne pourront la déraciner; car toute tentative en ce sens échouerait contre l'inertie populaire. Quand l'homme cependant commença à vivre en société, il noua des relations juridiques avec ses semblables. De ce fait entrèrent dans son patrimoine de nouveaux éléments de richesse. Il remarqua alors, que le droit qu'il acquérait sur le patrimoine de son cocontractant, différait de celui qu'il avait sur sa propre chose. Il ne put plus, dans ce cas, confondre la chose et le droit, et il fut obligé de séparer nettement la chose et le droit qui porte sur elle, ce qu'il n'avait pas encore fait jusqu'alors. Il constata que ce lien, qui unissait à lui son semblable, n'avait pas d'existence physique; mais était une simple conception juridique, et de là il fut amené à diviser ses biens en deux classes. Cette erreur, que commit l'homme primitif, les jurisconsultes romains et d'autres après eux la commirent. Aujourd'hui encore on emploie cette division, à cause de ses avantages ; mais on connaît son vice. Les jurisconsultes romains firent deux catégories : d'un côté, les choses qu'il considèrent comme corporelles, *corpora*, qui ne comprennent exclusivement que les objets du monde extérieur, en tant qu'elles sont affectées du droit de propriété de l'homme ; de l'autre côté, les différents éléments du patrimoine, qui n'ayant pas d'existence physique, leur paraissent ne pouvoir être que des biens incorporels, des *jura, res incorporales*. (*Inst. Just.*, II, 2.) De ce nombre sont les créances, simple rapport juridique qui autorise le titulaire à exiger du débiteur une prestation, ou un fait ; les *universitates juris*, hérédité, pécule, qui ont cette qualité, alors même qu'ils comprennent des choses corporelles, c'est qu'en effet le patrimoine de l'homme, le pécule de l'esclave ne sont en eux-mêmes que des conceptions juridiques ; de ce nombre encore sont les servitudes personnelles et réelles. Pour ces dernières toutefois, une innovation du préteur diminua la distance qui les séparait des choses corporelles. L'avantage que présentent les choses corporelles, c'est qu'ayant une existence physique et pouvant être objets du droit de propriété, elles sont susceptibles de possesssion, qui n'est que l'exercice, la manifestation extérieure de la propriété. Les Romains comprenant comme éléments de la possession l'*animus possidendi* et le *corpus rei*, ou détention matérielle de la chose, décidèrent que, ne pouvaient être susceptibles de possession les choses qui n'avaient pas une existence physique. Mais le préteur, remarquant que le droit d'usufruit se manifeste sur le fonds, qui y est soumis, comme le droit de propriété, par les mêmes actes ; que le droit de passage s'exerce extérieurement, par des actes de la nature de ceux que comporte le droit de propriété; frappé des inconvénients que présentait, dans ces deux cas, cette inaptitude des servitudes, à être soumises à la possession, et par conséquent à la tradition, simple remise de la possession, admit non pas la possession, mais une quasi-possession des servitudes. Quand il l'eut reconnue, il la sanctionna par des actions, copiées sur les actions qui garantissaient la propriété et la possession des choses corporelles. (4, 6, 23, § 2.) Ulpien décide, après Papinien, que le préteur doit venir en aide au captif qui a perdu la possession de son champ, ou la quasi-possession d'un usufruit. Il dit encore, dans une autre loi (8, 5, 10, p.), que celui qui, en vertu d'un usage de longue durée et par une sorte de *longa quasi possessio*, est investi d'un droit d'aqueduc, n'a pas besoin d'établir son titre d'acquisition, legs, ou autre mode de transfert; mais qu'il a, au contraire, le droit d'intenter une action *utile*, à l'effet de montrer, qu'il a possédé tant d'années sans violence, précarité, ni clandestinité, à l'égard de son contradicteur. Cette reconnaissance de l'exactitude des réformes du préteur, montre que les jurisconsultes l'appuyaient dans ses innovations. Les autres biens ne profitèrent pas de cette extension, et continuèrent à ne pouvoir être ni possédés, ni transférés par tradition. Nous avons exposé cette division, uniquement au point de vue des biens; mais Justinien (*Inst.*, 2, 2, § 1, 2) ne vise que les choses, les *res*. C'est que ne méritent le nom de choses que les objets du monde extérieur. Dès qu'il s'agit de classer un droit, un rapport juridique, on ne se trouve plus en présence d'un élément auquel on puisse appliquer le nom de chose corporelle ou incorporelle, mais uniquement d'un bien.

DANS QUELLE MESURE LES ROMAINS ONT-ILS CONNU LA DIVISION DES BIENS EN MEUBLES ET IMMEUBLES ?

Quiconque compare le *Code civil* et les *Institutes* de Justinien, ou les *Commentaires* de Gaius dans les parties qui traitent de la division des biens, fait une remarque importante, en ce qui concerne la distinction des biens en meubles et immeubles. C'est que, tandis que Gaius et Justinien après lui, se complaisent dans l'énumération des choses, en divines, sacrées et humaines, communes, publiques et privées, ils passent complètement sous silence une classification considérée dans notre droit comme générale et comme l'une des bases fondamentales de la distinction des biens. Il ne faudrait cependant pas, du silence de ces ouvrages, conclure à la méconnaissance complète de cette division par les Romains, et nous n'en voulons pour preuve que les renseignements que nous donne à cet égard Ulpien (*Regulæ*, 19, §§ 6 et 8).

Il oppose les deux classes de biens assez formellement en nous citant deux intérêts pratiques de la division, pour nous permettre de conclure qu'il y a là deux catégories de choses nettement distinguées. Paragraphe 6 : « On ne peut manciper les biens meubles, qu'autant qu'ils sont présents et encore n'en peut-on pas manciper à la fois plus que n'en peut saisir la main; des immeubles au contraire on en peut manciper plusieurs, même situés en des endroits différents. » Paragraphe 8 : « L'usucapion, c'est l'acquisition du *dominium* par la possession, prolongée pendant un ou deux ans; le délai est d'un an pour les meubles, de deux ans pour les immeubles. » Ce traitement différent, appliqué aux meubles et aux immeubles, que Gaius nous indique aussi (2, 42), tire son origine de la loi des Douze tables (VI, 3). De ces exemples résulte pour nous la preuve que les Romains soupçonnèrent, connurent même, cette division, et lui firent produire des effets. Cependant le fait que Gaius et Justinien ne jugent pas à propos de lui consacrer un paragraphe spécial, au milieu des autres classifications, nous oblige à reconnaître que les jurisconsultes n'ont pas vu là matière à division générale et n'ont pas construit ici l'une de ces théories savantes, que nos rédacteurs du Code n'ont eu qu'à copier. Cela est si vrai, que tandis que tous les jurisconsultes emploient pour désigner certaines catégories de biens, des termes techniques, uniques, parce qu'ils sont consacrés par l'usage et par les textes législatifs (*mancipi*, *nec mancipi*), ils usent de mots divers, multiples, pour qualifier les meubles et les immeubles. C'est ainsi qu'à côté du terme *res mobiles*, *immobiles*, pris par Ulpien (19, § 6), nous lisons dans un autre de ses textes (21, 1, 1, p.) : « Labéon écrit que l'édit des édiles curules sur les ventes, s'occupe (*rerum tam earum quæ soli sint quam earum quæ mobiles aut se moventes*, aussi bien des choses qui font partie du sol que de celles qui sont meubles ou se meuvent par elles-mêmes. » C'est encore ainsi que Celsus nous dit (50, 16, 93) : *Mobiles* et *moventes* ont la même signification, avec cette différence toutefois, que l'un désigne le meuble inanimé, l'autre le meuble animé. Justinien, dans une constitution (C. 1, 3, 49, § 2), emploie, comme ayant la même valeur, les termes *mobiles* et *res moventes*, pour désigner les meubles d'une succession. Ce n'est pas seulement pour la désignation des meubles que nous trouvons multiplicité des termes, la même richesse d'expressions se retrouve en ce qui concerne les immeubles. Nous avons vu Ulpien employer les termes de *res immobiles* (*Reg.*, 19, §§ 6 et 8) et de *res soli* (21, 1, 1, p.) ; Celsus désigne les immeubles par ces mots : *prædium, fundus* (50, 16, 78). Ailleurs c'est le mot *ædes*, le terme *domus*, qui ont cette signification. Cependant ces désignations, si nous en croyons Ulpien, sont prises, par suite d'un abus de langage, d'une confusion du genre et de l'espèce : *prædia tam rustica, qualis est fondus, quam urbana, talis domus*. Cette liberté dont usent les jurisconsultes, de prendre l'expression qui leur convient, donne raison à notre assertion, que nous ne nous trouvons pas ici en face d'une de ces théories juridiques romaines si savamment établies, qui imposent à chaque terme une valeur propre et technique.

Les termes, du reste, que nous venons de citer comme étant ceux dont se servent les Romains, pour désigner les meubles et les immeubles, semblent nous permettre de conclure que la classification n'embrasse pas tous les biens, mais ne s'applique qu'aux seuls droits portant sur les objets corporels. C'est la même idée que pour les biens corporels. Les meubles sont des *res se moventes, res mobiles*, c'est-à-dire des choses qui, d'après le sens littéral des mots, occupent une place dans l'espace, puisqu'elles sont d'après leur nature susceptibles d'en changer. Les immeubles, *prædia*, *ædes*, sont *res soli* et comme tels rentrent, de même que les meubles, dans le nombre de ces choses *quæ tangi possunt*, critérium auquel, d'après Gaius (2, § 13, *Com.*), on reconnaît les *res corporales*. La lecture de ces termes, les seuls employés pour désigner les éléments de cette division, suffirait pour nous autoriser à en tirer la preuve que les Romains l'ont restreinte aux choses corporelles ; mais cette supposition est corroborée par un texte d'Ulpien (42, 1, 15, § 2). Dans ce fragment, le jurisconsulte prévoyant le cas où il serait nécessaire, pour obtenir l'exécution des jugements, de vendre les biens des débiteurs, nous fixe un ordre que l'on devra suivre. Il divise le patrimoine en trois groupes de biens : les meubles, les immeubles et les *jura*. On devra, dit-il en substance, commencer tout d'abord par la vente des meubles; si son produit n'est pas suffisant, on vendra les immeubles, et si le créancier n'est pas désintéressé, *tum pervenietur ad jura*. De ce texte, il résulte bien clairement que les *jura*, les biens incorporels, se trouvent en dehors de cette classification, puisqu'il ne fait allusion à eux qu'après avoir énuméré les deux éléments de la division. C'est donc que, pour les Romains, une division basée sur le caractère mobilier ou immobilier du bien, c'est-à-dire sur une qualité toute physique, ne devait pas frapper des droits qui ne sont susceptibles d'être saisis que par l'imagination et qui, ne pouvant tomber sous les sens, devaient se trouver en dehors de toute notion de mouvement et d'immobilité. Ceci constaté, il nous est permis de nous demander si les Romains ont été bien logiques de restreindre ainsi cette division ou plutôt de l'admettre. Si les droits doivent rester en dehors de la classification parce qu'ils n'ont pas d'existence physique, les Romains n'auraient pas dû admettre du tout la distinction ; car si nous nous demandons ce que comprennent ces choses corporelles, nous voyons que c'est uniquement la propriété ; c'est ce que nous montrent Gaius et Justinien (2, 2, §§ 1 et 2, *Inst.*), dans leur énumération des choses corporelles et incorporelles. Et la propriété elle-même, qu'est-elle donc, si ce n'est un *droit* portant sur une chose, mais droit tellement absolu et complet, que l'on a pris l'habitude de l'identifier avec l'objet sur lequel il porte et de dire : ma chose, ma propriété, au lieu de dire : mon droit de propriété, comme on le fait pour les autres droits? (*Inst.*, 4, 6, § 1, *in fine.*) C'est là critique que nous avons adressée aussi à la division des biens corporels et incorporels. Quoi qu'il en soit, les Romains ont admis cette distinction, et ne l'ont appliquée qu'au droit de propriété, au moins à l'origine.

LES ROMAINS ONT CONÇU LES DROITS RÉELS DE LA MÊME FAÇON QU'ILS PORTENT SUR LES MEUBLES OU LES IMMEUBLES

Prendre chacun des droits que nous avons indiqués, comme droits réels, montrer que la loi romaine le traite sensiblement de la même façon, qu'il soit meuble ou immeuble, c'est prouver que les Romains n'ont pas fait produire à cette distinction des biens des conséquences importantes. Le droit de propriété est composé des mêmes éléments, que l'objet frappé soit d'une classe ou de l'autre. Le propriétaire a dans les deux cas le *jus utendi, fruendi et abutendi;* il peut disposer de son bien, contracter à son occasion. Vendeur de cette chose, il en gardera la propriété, jusqu'à ce qu'il l'ait livrée à l'acheteur et même jusqu'à ce que de l'acheteur dont il ne suit pas la foi, il ait reçu le prix. (Justinien, *Inst.*, 2, 1, 41,) Quand la loi interviendra pour restreindre les droits d'un propriétaire, qu'elle juge moins apte que les autres à administrer sa fortune, elle le rendra incapable de faire les actes qui concernent les meubles, aussi bien que les immeubles. Le *furiosus* sera complètement incapable, car il n'a pas conscience de ce qu'il fait. L'*impuber*, qui a conscience de ses actes, mais qui n'est pas en état d'en peser les conséquences, ne pourra aliéner ni meubles, ni immeubles, il aura cependant la capacité nécessaire pour tous les actes susceptibles de rendre sa condition meilleure. Du jour où le législateur croira de son devoir d'intervenir, pour protéger les héritiers contre de trop larges dispositions à titre gratuit, il limitera les pouvoirs des testateurs à un *quantum* de biens en général sans s'occuper s'ils sont meubles ou immeubles. A l'aide d'un meuble, comme à l'aide d'un immeuble, un propriétaire peut obtenir du crédit; sur tous deux il pourra constituer à son créancier un droit d'hypothèque, dont les conséquences seront les mêmes. L'époque du payement arrivée, ce dernier pourra se faire mettre en possession de sa garantie absolument dans les mêmes termes. Se trouve-t-il à ce moment en présence d'un autre créancier, qui invoque le même droit d'hypothèque ou de gage, il ne pourra triompher que s'il établit que la constitution dont il se prévaut est antérieure à celle qui a été faite à ce second prêteur: *Qui potior est tempore potior jure*. La possession elle-même est conçue de la même façon, que le bien soit meuble ou immeuble; elle se compose des deux mêmes éléments : le *corpus* et l'*animus*. Ce n'est pas seulement la propriété, ce sont ses démembrements qui sont les mêmes. Un Romain peut être titulaire d'un droit d'usufruit, portant sur une chose mobilière ou une chose immobilière. Il a, pour la faire reconnaître, la même action confessoire, tout comme il n'a qu'une seule et unique action, la revendication, pour sanctionner son droit de propriété. De ces observations on peut conclure que les différences qui existent entre les meubles et les immeubles, ne sont pas importantes et qu'il n'y a pas là une distinction féconde en intérêts pratiques.

De nombreux interprètes ont cru cependant pouvoir décider à l'aide de textes de différents historiens, que les premiers citoyens de Rome ne connurent pas la propriété immobilière privée. Cette question ne peut présenter qu'un intérêt historique. De nombreux documents forcent ceux-là même qui croient que telle a été la condition primitive des terres à Rome, à reconnaître qu'il n'y a eu là qu'un état transitoire, dont la disparition a été rapide. Malgré les textes invoqués par les partisans de cette idée et empruntés à Denys d'Halicarnasse (2, 74), Cicéron et Festus (*Pecunia*), nous pensons qu'on peut, en s'appuyant sur Plutarque et Denys (3, 1), décider que ces textes n'ont pas la portée qu'on leur prête. Peut-être ne faut-il pas se servir de passages dans lesquels les auteurs ont pour but de trancher des questions de droit public, pour décider de l'état du droit civil. D'ailleurs il est peu probable qu'un peuple, qui avait une civilisation aussi avancée que le peuple romain à son origine, se soit accommodé du système de la communauté des terres.

PREMIERS INTÉRÊTS DE LA DISTINCTION
LE BIEN MEUBLE PRIS A L'ENNEMI EST-IL SOUMIS AUX MÊMES RÈGLES QUE L'IMMEUBLE?

Tandis que les objets mobiliers pris sur l'ennemi sont mis en commun, pour former une masse à partager entre les conquérants, et deviennent la propriété du soldat à qui ils échoient, les immeubles ne deviennent pas le bien des vainqueurs. Ce n'est pas que Rome respectait sur les immeubles le droit des vaincus, mais on faisait de la partie des terres qu'on enlevait, deux parts : l'une était vendue au profit du trésor public ; l'autre était gardée et affermée à des particuliers par le fisc ; c'est de cette dernière part des terres, que les patriciens s'afferment entre eux gratuitement et considèrent, par suite des abus qu'ils commettent, comme leur bien, que les plébéiens veulent obtenir un équitable partage. Il faut encore ajouter que les biens meubles pris sur l'ennemi entrent dans le patrimoine du soldat avec le caractère qu'ils ont à Rome, c'est-à-dire avec l'aptitude a être frappés par le droit civil romain : les immeubles au contraire restent en dehors du droit civil, même ceux qui sont vendus aux enchères à des citoyens. Le préteur devra intervenir pour sanctionner le droit de l'acquéreur.

DIFFÉRENCES ENTRE LES MEUBLES ET LES IMMEUBLES EN CE QUI CONCERNE LA REVENDICATION, L'*in jure cessio*, LA MANCIPATION.

Nous avons dit que les Romains ont considéré le droit de propriété, qui porte sur les meubles et les immeubles, absolument de la même façon, qu'ils l'ont protégé aussi énergiquement et qu'ils ont permis au propriétaire, privé de la jouissance de sa chose, d'intenter une seule et unique action, la revendication, pour faire reconnaître son droit et forcer celui qui l'en a dépouillé à la lui restituer. Il nous faut ici noter des différences de détail. Le propriétaire a le droit, pour contraindre celui qui lui enlève indument la possession de sa chose à cesser ce trouble ou à l'indemniser, de s'adresser au magistrat; mais si le demandeur doit devant le magistrat affirmer sa prétention en prononçant les mêmes paroles : *Aio hanc rem esse meam*, si le magistrat doit lui délivrer une formule conçue dans les mêmes termes, que le bien soit meuble ou immeuble, *si paret rem agerii esse*, le demandeur est astreint au préalable à une formalité de plus quand il s'agit d'un meuble. Il doit, en vertu du formalisme, avoir à son côté cette chose sur laquelle il prétend avoir un droit de propriété, et cela dans les différentes périodes de l'instance. Cette exigence de la loi d'abord respectée en matière de revendication d'immeuble, nécessitait le déplacement des parties et du tribunal et leur transport sur le bien objet du litige. Il en résultait de si grands inconvénients, que l'on dut omettre cette formalité ; mais on donna satisfaction aux vieilles règles, en faisant apporter une motte de terre de l'immeuble, puis on arriva même à supprimer ce dernier vestige de formalisme. C'est déjà le système de la *deductio*, de l'apport d'une motte en justice, que Gaius (4, 17 nous indique comme celui employé pour l'*actio sacramenti*. Ce qui fut admis pour la revendication véritable, le fut aussi pour ce mode solennel d'aliénation, qui représentait un procès fictif, l'*in jure cessio*. Il y avait la même raison de décider. Cette atténuation du formalisme, nous la rencontrons encore en matière d'aliénation dans la mancipation, mode solennel de transfert d'une certaine catégorie de biens. Pour acquérir par la mancipation, l'acheteur, en présence du vendeur, de cinq témoins et d'un *libripens*, devait, en tenant la chose, prononcer certaines paroles. S'agissait-il de la mancipation d'un meuble, on exigeait toujours son apport au moment de l'acte juridique ; s'agissait-il d'un immeuble, on cessa d'exiger le transport des parties et des témoins. Ulpien, dans un texte que nous avons déjà cité, ajoute (*Reg.*, 19, § 6) que l'on pourra, par un seul acte, manciper tous les immeubles objets du contrat, tandis que, pour les meubles, il faudra bien souvent faire plusieurs mancipations pour exécuter un seul contrat.

DIFFÉRENCE EN CE QUI CONCERNE L'USUCAPION

Celui qui se prétend propriétaire d'une chose doit faire la preuve de son droit. A cet effet, il doit établir que celui de qui il a reçu le bien était lui-même propriétaire. Bien souvent, il faudrait invoquer les droits d'un précédent vendeur du chef de qui la preuve serait difficile à faire. Pour obvier à cet inconvénient, on décida que celui qui serait en possession de bonne foi et avec juste titre, depuis un certain temps, n'aurait pas d'autre preuve à fournir de son droit et devrait être réputé propriétaire. C'est en ce qui concerne la plus ou moins longue durée de ce délai que nous trouvons une différence entre les meubles et les immeubles : un an pour les meubles, deux ans pour les immenbles. (Ulpien, *Reg.*, 19, § 8.) Ce n'est pas seulemsnt le demandeur en revendication qui peut user de cette faculté pour faire sa preuve, c'est aussi le défendeur, qui, poursuivi en revendication, pourra faire repousser la demande, en établissant, que, de bonne foi et avec juste titre, il est en possession depuis le temps fixé par la loi. Cette disposition est, d'après ce que nous dit Gaius, due à la loi des Douze tables (*Com.*, 2, 54). *Table* VI, 3: *Auctoritas fundi biennium, cæterarum omnuum annuus.* Cette différence, nous la trouvons encore à l'époque de Justinien, qui, s'il prolonge la durée du délai, respecte le principe. C'est que, dans une société où les transactions sont autorisées, il peut arriver qu'une personne prenne, vis-à-vis d'une autre, le titre de propriétaire d'un meuble ou d'un immeuble, et le lui vende. Ce titre de propriétaire, l'aliénateur n'avait pas le droit de le prendre, il ne lui appartenait pas; il en résulte que l'acquéreur, qui ne doit pas avoir plus de droits que n'en avait celui de qui il tient la chose, ne devient pas propriétaire. On vint à son secours ; mais comme il n'était pas juste de dépouiller complètement, du jour au lendemain, le *dominus rei venditæ*, qui n'avait rien à se reprocher, on lui donna un délai pour faire valoir ses droits et triompher de l'acquéreur. Mais il ne fallait pas non plus lui permettre de tarder à agir. Aussi lui donne-t-on intérêt à agir promptement, en fixant un délai assez court, à l'expiration duquel son droit est éteint. Pourquoi ce délai n'est-il pas uniforme, quel que soit le bien ? pourquoi est-il plus court en matière d'usucapion de meuble? Comme le meuble, à cause de sa mobilité, est exposé à plus de chances de perte que l'immeuble, le propriétaire soigneux a pour habitude de le tenir près de lui, afin de pouvoir exercer une surveillance plus active et plus effective. Il en résulte que le meuble est presque toujours sous la main de son propriétaire. L'acquéreur est donc excusable, en voyant un meuble au pouvoir du vendeur, de croire ce bien la propriété de son cocontractant. Le propriétaire dépossédé doit s'apercevoir tout de suite de la disparition de son meuble et se mettre à sa recherche ; s'il ne le fait pas, il est coupable, au moins de négligence. L'immeuble, au contraire, n'étant pas en relation aussi directe avec son propriétaire, l'acquéreur n'est pas par le fait seul conduit à croire à la propriété de celui qu'il trouve sur le fonds ; le véritable *dominus* peut ignorer plus longtemps sa dépossession, et son inaction momentanée est plus excusable. Du reste, si l'on admet que l'usucapion est un mode d'acquérir la propriété des choses au vu et su de tous, n'est-il pas logique d'exiger une possession de plus longue durée pour les immeubles que pour les meubles. Si le nouveau propriétaire doit exercer sur le meuble une active surveillance et l'avoir auprès de lui, ses voisins remarqueront vite ce fait de sa possession qui se manifeste par des actes pour ainsi dire quotidiens. Pour l'immeuble, il n'en sera pas de même, la surveillance étant moins active, moins permanente, frappera moins rapidement les tiers. Un plus long temps sera nécessaire pour que le fait du changement de possesseur soit remarqué. Peut-être la différence de traitement vient-elle de ce qu'à Rome, par suite de raisons que nous exposerons plus loin, l'usucapion des meubles était très rare, menaçait moins gravement de léser des droits légitimes. On comprendrait alors cette différence de délai, comme conséquence d'une moindre sollicitude de la loi, l'usucapion du meuble devant être un fait assez rare. Quoi qu'il en soit, il nous suffit pour le moment de constater que, tout en admettant en principe l'acquisition des meubles et des immeubles par l'usucapion, le législateur a fixé un délai plus long dans un cas que dans l'autre.

DIFFÉRENCE EN CE QUI CONCERNE LE *furtum*

Nous avons dit que celui qui possède de bonne foi et avec juste titre un bien, peut, à l'expiration d'un certain délai, devenir propriétaire de cette chose. Il faut, de plus, exiger une autre condition. Il faut que le bien ne soit pas sorti du patrimoine du précédent propriétaire à la suite d'un acte coupable. (*Inst.*, 2, 6, p. § 2, 3, 7.) Ce n'est pas à dire que celui qui commet l'acte coupable ne pourra pas usucaper le bien, cela est évident, puisqu'il a contre lui sa mauvaise foi et qu'il ne peut invoquer de juste titre. Non, ce que disent ces textes, c'est que le tiers de bonne foi, qui acquiert cette chose des mains du coupable, ne pourra pas, quoiqu'il réunisse les conditions de l'usucapion, devenir propriétaire, parce que le bien est entaché d'un vice. Pour le meuble, ce vice c'est le *furtum* qui le lui imprime. Le meuble volé ne peut pas être usucapé. Justinien nous apprend qu'il y a là une décision dont l'origine remonte à la loi des Douze tables et qu'une loi Atinia a renouvelée. A cet égard, il faut dire que les Romains ont tellement étendu la théorie du *furtum* à tout déplacement, ou même changement de destination du bien, sans le consentement du propriétaire, qu'ils en arrivent à se demander si l'usucapion du meuble est chose, non pas fréquente, mais même possible. Les cas qu'ils nous citent comme laissant possible l'usucapion, mettent en cause des vendeurs d'une bonne foi si entière, qu'il eût été trop dur de les laisser exposés aux conséquences pécuniaires, très graves, de l'action *furti*. C'est cette considération qui a dû faire fléchir le principe de l'inaptitude absolue des meubles, à être l'objet de l'usucapion, vers lequel semble tendre le droit romain comme vers un idéal. Pour les immeubles, le point de vue change. Ils sont susceptibles d'être usucapés. On a bien essayé, en cette matière aussi, de faire appliquer la théorie du *furtum*, mais la tentative n'a pas réussi. Il a toujours semblé, à la majorité des jurisconsultes romains, que, si large que puisse être le sens du mot *contrectatio*, il ne pouvait pas s'appliquer à l'occupation d'un immeuble. Du reste, il ne faut pas croire que le propriétaire d'un immeuble était impunément dépouillé. Outre qu'une loi rendue à l'époque des guerres civiles de Sylla, faisait un délit, très sévèrement réprimé, du fait de la dépossession violente, des lois Julia et Plautia, interdirent l'usucapion absolue des choses immeubles, possédées par violence. (Just. *Inst.*, 2, 6, §2; Gaius, 2, 45.) Mais il faut que le bien immeuble, pour être incapable de recevoir l'usucapion, ait été enlevé par la violence, à son propriétaire. Si c'est au contraire de toute autre manière, la loi trouve qu'elle n'a point à intervenir d'une façon spéciale, pour porter secours au propriétaire. Celui-ci n'a qu'à s'adresser aux tribunaux, à intenter une revendication, pour faire condamner son adversaire, cet occupant. L'immeuble restant fixe, le propriétaire pourra toujours le trouver et connaître l'usurpateur. Si la loi croit devoir intervenir d'une façon spéciale en faveur de celui qui a subi une violence, c'est qu'elle trouve dans la crainte d'un plus grand mal, une raison capable de justifier l'inaction momentanée du propriétaire ; aussi lui permet-elle de laisser écouler inpunément le temps et lui reconnaît-elle le droit de pouvoir toujours revendiquer son immeuble. Pour le meuble, elle est peu favorable à l'usucapion ; c'est parce qu'elle ne se croit pas le droit de dépouiller de sa propriété un citoyen qui n'a pas de faute à se reprocher. Il a perdu son meuble, il l'a cherché, mais à cause de la facilité de déplacement, le meuble a été soustrait à ses recherches ; quelque faibles et problématiques que soient les chances qu'il a de le jamais retrouver et pouvoir revendiquer, la loi romaine entend les lui laisser entières.

DIFFÉRENCES ENTRE LES MEUBLES ET LES IMMEUBLES, EN CE QUI CONCERNE LA POSSESSION

C'est surtout en cette matière que les différences sont nombreuses. Elles se présentent au point de vue de l'acquisition, de la perte et de la sanction de ce droit. Toutefois nous ne pouvons pas dire que la séparation se produit ici avec des conséquences juridiques importantes. A Rome on avait analysé la possession et l'on avait reconnu qu'elle se ramenait à deux éléments : l'un, élément intellectuel, l'*animus possidendi*, qui est, chez le possesseur, la volonté de prendre et de tourner à son profit l'utilité que peut procurer la chose, et un second élément corporel, la détention de la chose, sa mise à la disposition physique, qui permet de tirer cette utilité de la chose, le *corpus rei*. Le premier élément sera toujours éxigé chez le possesseur, qu'il s'agisse d'acquérir, de conserver la possession d'un meuble ou d'un immeuble; dans tous les cas celui qui se prétend possesseur devra pouvoir affirmer qu'il a l'*animus possidendi*. Renonce-t-il, au contraire, à sa possession, soit parce qu'il l'abandonne à un tiers, acheteur ou donataire, soit parce qu'il ne veut plus d'un bien qui pour lui n'a pas de valeur, il ne le peut qu'en abdiquant cet *animus possidendi*, aussi bien à l'égard du meuble qu'à l'égard de l'immeuble. Le jour où l'on admettra qu'un mandataire qui prend possession pour nous, peut nous faire acquérir ce droit, du moment exact où il réalise le *corpus* en sa personne, cette dérogation à l'ancien droit sera introduite en matière de meuble, comme d'immeuble. (*Inst.*, 2, 9, 5.) C'est aussi par l'acquisition de ces deux classes de biens, que l'on décide que le *paterfamilias* emprunte l'*animus*, en la personne du fils ou de l'esclave. (41, 2, 3, § 12.) En résumé, pas de différence quant à l'*animus possidendi*, que le bien soit meuble ou immeuble. En ce qui concerne le *corpus*, l'intérêt de la distinction va se manifester. A l'origine, pour la prise de possession, il fallait toujours joindre à l'*animus* le *corpus rei*. C'est-à-dire que celui qui voulait prendre la possession, qui avait l'*animus*, devait se faire délivrer la chose, le *corpus*, pour joindre ces deux éléments. Il fallait donc qu'à l'élément intellectuel il joignît la détention physique de la chose. Pour le meuble, cela ne présentait pas de très graves difficultés. L'aliénateur, qui avait le bien à sa disposition et qui le vendait, l'avait à côté de lui, ou il pouvait facilement l'amener en présence de l'acheteur, à moins que celui-ci ne préférât se transporter chez le vendeur, pour en recevoir tradition. Pour l'immeuble, comme il n'y avait pas à compter sur l'apport possible du bien vendu, il fallait de toute nécessité que les deux parties se transportassent elles-mêmes à l'endroit où il était situé et que l'acquéreur fît acte de possession. Il y avait là un inconvénient qui augmentait de gravité à mesure que le territoire de Rome s'accroissait, et la faculté laissée aux maîtres de se faire, à cet effet, remplacer par leurs esclaves, n'était qu'un palliatif insuffisant. Il passa donc en pratique, que l'entrée de l'acquéreur sur l'immeuble n'était pas indispensable; qu'il suffirait que le vendeur montrât de loin l'immeuble, dont il cédait la possession; puis la simple volonté de céder d'un côté, d'acquérir de l'autre la possession, opéra à elle seule la mutation : on arriva donc, en ce qui concerne les immeubles, à décider que les mutations de possession s'opèrent *animo solo*. (41, 2, 1, § 21 ; — 41, 2, 18, § 2; 41, 1, 48.) — Pour les meubles aussi, il fallut entrer daus cette voie, mais ce fut avec moins de nécessité ; aussi la remise de la possession se traduit-elle par la remise d'objets qui donnent droit sur la chose : ce sera la remise des clefs du grenier, de locaux où se trouvent renfermées les denrées achetées. Mais c'est surtout en ce qui concerne la perte et la conservation de la possession, que les différences vont apparaître, importantes et nombreuses. Pour conserver la possession d'un meuble, il faut toujours avoir le *corpus rei;* vient-on à cesser de le posséder, on a perdu la possession. A cet égard, nous devons cependant faire une exception en faveur d'un meuble d'une nature toute particulière, qui, étant doué d'intelligence, était réputé se posséder pour son maître. (41, 2, 47.) Pour l'immeuble, au contraire, si à l'origine il fallait toujours joindre le *corpus* à l'*animus*, une dérogation fut de bonne heure apportée à cette exigence. Il faut envisager deux hypothèses. Le propriétaire ne possède pas directement, par lui-même, il a remis la détention de son immeuble à un fermier ou à un esclave (ce qui était possible, puisqu'on eut toujours le droit de posséder *corpore alieno*, les biens meubles ou immeubles) (41, 2, 3, § 12), le propriétaire possède par lui-même. Il y a là, dans le premier cas, un danger pour le propriétaire, de perdre la possession à son insu : il suffit pour cela que son représentant auprès de l'objet abandonne le *corpus*. La pratique, frappée de ces inconvénients, vint au secours du propriétaire d'immeuble ; elle décida que, malgré le délaissement, le maître garderait la possession, tant qu'un tiers ne se serait pas pour son compte emparé de ce bien. « Si l'esclave ou le colon, par l'intermédiaire desquels je détenais l'élément corporel de la possession, se sont éloignés, je garderai la possession par cela seul que j'ai l'*animus*, la volonté de continuer à posséder. » (41, 2, 3, §§ 8 et 40, § 1.) « Mais cela n'est vrai qu'à la condition qu'un étranger n'ait pas entre temps pris possession. » (41, 2, 44, § 2). Pour le meuble cette innovation ne fut pas admise. (41, 2, 3, § 13.) « Nerva le Jeune décide que nous ne possédons les choses mobilières, l'esclave excepté, qu'autant que nous les avons sous notre garde. » L'extension a été encore plus large en ce qui concerne la possession de l'immeuble, sur lequel le *dominus* n'a mis personne. Les besoins de la culture exigeaient que le propriétaire du troupeau eût à sa disposition des pâturages pour l'été, d'autres pour l'hiver. Quand il quittait l'un pour mener ses troupeaux dans l'autre, il ne pouvait garder la possession de son fonds qu'en laissant un représentant. On admet que, dans ce cas, le propriétaire pourrait, tout en ne laissant personne, garder la possession *animo tantum*, tant que personne ne s'établirait sur ce fonds. (41, 2, 3, § 11.) On alla plus loin, et l'on décida que le *dominus*, malgré sa prise du *corpus* par un tiers, continuerait à posséder, tant qu'il ignorerait ce changement apporté à sa libre jouissance. (41, 2, 3, § 7. — 41, 2, 46.) Il y avait là un remède insuffisant, le préteur vint en aide à ce propriétaire et lui permit de considérer la possession du nouvel occupant comme entachée, à son égard, du vice de clandestinité. Cette innovation était déjà admise au temps de Labéon (41, 2, 6). Et si le *dominus* ne pouvait pénétrer sur son fonds, parce qu'il en était repoussé violemment par son adversaire, la possession de ce dernier, toute de fait, *corporalis*, ne valait rien, elle était entachée du vice de violence et devait tomber devant la demande en réintégration de possession, intentée par le propriétaire. (41, 2, LL. 7, 25, § 2.) Quand donc le *dominus* perdait-il la possession? Uniquement quand, par peur, il renonçait à rentrer sur son fonds. (3, § 8 et L. 7.) Le demandeur qui aurait même employé la violence pour chasser l'usurpateur, n'avait pas à craindre les conséquences de l'interdit *unde vi*. C'est ce qui semble résulter des paragraphes 24, 28 (43, 16, 1); et surtout de la loi 3, § 9, au même titre. Ce qui a été décidé pour ces immeubles, le fut pour tous ceux que le propriétaire quitte avec l'esprit de retour. (41, 2, 3, § 8 ; et 43, 1, 1, § 25.) Pourquoi cette différence entre le possesseur du meuble et celui de l'immeuble ?

Paul, d'après Nerva (3, § 13), Gaius 15), Pomponius (25, *princ.*) nous en donnent la raison : *Si id, quod possidemus ita perdiderimus, ut ignoremus ubi sit, desinimus possidere.* Dès que celui qui possédait pour nous a perdu la possession d'un meuble, dès que nous avons nous-mêmes cessé de l'avoir à notre disposition, nous ne savons plus où il est, il n'est pas nécessaire qu'un tiers s'en soit emparé. Pour l'immeuble, nous savons, quoique n'exerçant sur lui aucun pouvoir direct, où il est, et nous pouvons le ramener sûrement à son ancienne dépendance à notre égard.

INTERDITS POSSESSOIRES EN MATIÈRE MOBILIÈRE ET IMMOBILIÈRE

Quand un individu se prétend propriétaire d'un bien, dont il n'a pas la possession, il doit agir en justice, contre celui qui possède, pour faire reconnaître son droit, et se faire rendre la chose, ou obtenir une indemnité qui la représente. Pour arriver à ce résultat, pour triompher dans la revendication, il doit établir qu'il est véritablement, comme il l'affirme, le propriétaire du bien litigieux. Il devra démontrer qu'il a acheté ce bien, qu'il en est le donataire, que son auteur était propriétaire, ou au moins possesseur avec juste titre et bonne foi, depuis le temps voulu, pour l'usucapion. C'est là une preuve difficile parfois à faire et qui lui incombe. Le défendeur, le possesseur, n'aura qu'à combattre ses moyens à mesure qu'il les présentera et il triomphera, par cela seul que les preuves du revendiquant ne paraîtront pas assez convaincantes. On voit combien le rôle de défendeur est plus commode et quels grands avantages il procure à celui qui le joue. De là on comprend que chaque partie doit tendre à se le faire reconnaître, et comme on ne peut y avoir droit qu'à la condition d'être possesseur, il apparaît tout de suite, qu'un premier procès doit s'engager sur la question de savoir qui a la possession. Justinien nous apprend lui-même qu'à cause de l'ardeur avec laquelle on convoitait cette position si avantageuse (*Inst.*, 4. 15, § 4); un débat au possessoire était le prélude de presque toutes les revendications. Quel était-il? La loi n'avait pas réglé cette question ; mais ici, comme en beaucoup d'autres points, le préteur était intervenu pour combler cette lacune. Ayant pris la possession sous sa protection, il avait créé une procédure, dans laquelle il tranchait lui-même cette question. Cette procédure tirait son nom de l'ordre que donnait le magistrat aux parties de respecter, ou plutôt, dans lequel il interdisait aux parties de violer les droits qui résultaient de l'état de choses existant au moment du procès, il s'appelait *interdit*. Il avait jugé nécessaire de créer deux interdits différents ; l'un pour les meubles, l'autre pour les immeubles, et de ne pas donner la possession du meuble à celui que, dans les mêmes circonstances, il aurait considéré comme possesseur de l'immeuble. Gardera la possession de l'immeuble celui-là-même qui est en possession au moment où il est saisi de la question, à moins toutefois que son titre ne soit entaché, à l'égard de l'autre partie, du vice de clandestinité, précarité, ou violence ; car, dans ces trois cas, le préteur ne protègerait pas une possession dont l'origine se trouve dans le délit même dont est victime le propriétaire demandeur. S'agit-il d'un meuble ; aura le rôle de défendeur à la revendication et sera considéré comme possesseur celui-là qui aura possédé le meuble le plus long espace de temps pendant l'année écoulée, et dont le jour où se place la demande marque l'expiration. Cet intérêt de la distinction disparut, et Justinien constate que de son temps on traitait de la même façon la possession des meubles et des immeubles, et qu'on tranchait dans les mêmes termes la question : celui-là était appelé à jouer le rôle de défendeur qui avait, en réalité, la possession au moment du débat. C'est-à-dire que l'on appliquait aux meubles la solution admise pour trancher la difficulté en matière immobilière. (*Inst.*, IV, 15, § 4, *in fine*.) Justinien, après avoir constaté l'ancien droit, ajoute : « Aujourd'hui, on suit une règle différente. La force de chacun de ces deux interdits est la même en ce qui concerne la possession. Et celui-là gagne le procès, qu'il s'agisse d'un immeuble ou d'un meuble, qui, au moment où la contestation s'engage, possède sans violence, clandestinité, ni précarité à l'encontre de son adversaire. »

LA DIVISION DES BIENS EN MEUBLES ET IMMEUBLES RÉPONDAIT-ELLE A ROME A UNE IDÉE D'IMPORTANCE PLUS GRANDE D'UNE CATÉGORIE DE BIENS

Tels sont, à peu près, les différences et les intérêts pratiques de la distinction des biens en meubles et immeubles, pour le premier état du droit romain. Dans toutes les explications que nous avons données pour les justifier, nous n'avons pas invoqué une seule fois l'idée de valeur plus grande donnée aux immeubles ; toujours, nous avons trouvé la raison de distinction dans la nature des choses, dans la facilité plus grande de déplacement que présente le meuble, dans l'immobilité complète de l'immeuble, qui réclament, dans certaines circonstances, un traitement différent. Nous en pouvons donc conclure que, pour cette époque, les Romains n'ont pas vu dans l'immeuble un élément plus important du patrimoine. Peut-on dire qu'ils ne s'étaient pas rendu compte de la nécessité d'établir une concordance entre la valeur des biens et les mesures de protection à leur accorder, qu'ils ont pensé que tous les biens, présentant toute la somme d'intérêt et d'utilité qu'ils peuvent procurer à l'homme, méritaient un même traitement, une égale protection? Non, les Romains avaient vu qu'il y a des biens qui ont plus de valeur l'un que l'autre, qui, par conséquent, méritent toute la sollicitude du législateur: mais ce n'est pas à cette classification des biens en meubles et immeubles, qu'ils ont donné ce rôle. Meubles: mais les esclaves, les bêtes de somme avaient cette qualité. On ne pouvait donc considérer comme formant une catégorie de biens dépourvus de grande valeur, celle qui les aurait compris. L'on ne pouvait donc pas n'entourer d'une faveur spéciale que les seuls immeubles. C'est ailleurs qu'il fallait prendre le critérium. C'était ce qu'on avait fait. Ils avaient même adopté une division à laquelle ils auraient pu imprimer toute extension nouvelle, sans avoir à craindre de la faire dévier, de lui faire perdre son caractère, et de lui donner une allure artificielle. C'est la division des choses en *mancipi* et *nec mancipi*.

DIVISION DES *res* EN *mancipi* ET *nec mancipi*

Quoique l'on ne soit pas absolument certain de l'origine de cette distinction, on s'accorde assez généralement à reconnaître que les premiers Romains ont mis dans la catégorie des *res mancipi* tous les objets qui pour eux avaient une grande valeur à l'époque de la création de cette division ; dans la seconde, tous les autres biens. Dans ces conditions la division aurait toujours pu remplir sa fin, qui était de protéger ces biens en portant à la connaissance de la cité les aliénations dont ils sont l'objet, si les jurisconsultes avaient voulu utiliser l'élasticité de cette classification. Un bien était-il important et semblait-il mériter la sollicitude de la loi, il fallait le faire entrer dans la catégorie des *res mancipi*, le traiter comme tel, et l'on augmentait ainsi avec le nombre des biens de cette classe, le rôle prépondérant de la distinction. Mais les jurisconsultes n'osèrent point à cet égard user de la liberté d'interprétation qu'ils mirent si souvent au service de l'amélioration de la loi. Il en résulta qu'au lieu de pouvoir garder sa prépondérance, la classe des *res mancipi* devait décliner du jour où apparaîtraient des biens nouveaux qui, aussi importants, quelquefois même plus, que ceux qu'elle garantissait, restaient en dehors de ses mesures de protection. En outre, et c'est là surtout que se trouvent la cause de sa décadence et la raison qui arrêtera les interprètes tentés de maintenir la splendeur des *res mancipi* en mettant leur nombre en harmonie avec les besoins de la pratique, elle reposait uniquement sur le vieux formalisme, et à une époque où nous constatons que les Romains luttent contre lui, nous devons nous attendre à retrouver ici les effets de cette répulsion. C'est vers l'atténuation de la gêne qu'il entraîne que nous croyons tourner les efforts de la pratique, soutenue par les jurisconsultes et surtout le préteur. Ces efforts se traduisent par un abandon de cette division qui n'est plus, à l'époque de Justinien, qu'un simple souvenir historique, après avoir, depuis bien longtemps, perdu toute importance. Gaius nous donne, heureusement, des renseignements assez complets sur la valeur et l'étendue de cette division. On appelait, nous dit-il, *res mancipi* celles qui étaient susceptibles de ce mode d'aliénation dont nous avons parlé : la *mancipation*. L'étymologie que l'on donne de ce mot, est *manu capere*. C'est qu'en effet, dans ce mode de transfert du bien, l'acquéreur prenait dans sa main l'objet dont l'aliénation lui était consentie, et en présence de cinq témoins, *classici testes* et d'un *libripens*, il affirmait que la chose qu'il tenait était à lui, parce qu'il l'avait achetée et payée avec ce morceau de métal qu'il montrait dans son autre main. Le vendeur gardait le silence, et l'opération était conclue. A quel titre une chose entrait-elle dans cette catégorie ? Il n'y a pas, à cet égard, de renseignements certains à donner. Les textes énumèrent une série de choses qui toutes peuvent être rangées parmi les choses les plus importantes, pour un peuple agriculteur ; ce sont : les fonds de terre, les servitudes prédiales, rurales, les esclaves et les animaux dont la force est utilisée pour les travaux des champs et les transports. Dans la classe des *res nec mancipi*, c'est-à-dire de celles qui ne peuvent être aliénées par ce mode solennel de la mancipation, se trouvaient tous les autres biens. Pour la première catégorie de biens, les lois avaient organisé toute une série de mesures de protection. Le propriétaire ne pouvait aliéner ses biens que tout autant qu'il comprenait la portée de son acte, sinon il devait avoir l'*auctoritas* de son tuteur, et ce tuteur était d'autant plus vigilant que, pris toujours parmi les plus proches parents de celui que la loi jugeait peu apte à apprécier par lui-même les graves conséquences de l'aliénation d'une *res mancipi*, il était appelé, en cas de décès, à succéder à celui dont il complète la capacité. Quand la loi entoure de cette protection celui qu'elle traite d'incapable, ce n'est pas tant lui-même qu'elle entend garantir, que les intérêts pécuniaires de sa famille. La preuve s'en trouve dans ce fait, que le tuteur a une pleine et entière indépendance pour autoriser l'incapable; il a même un pouvoir omnipotent. Ce n'est pas seulement l'*impuber*, c'est-à dire celui que la nature elle-même frappe d'incapacité, c'est la femme *sui juris*, qui voit limiter ses droits de propriétaire sur les choses *mancipi*, à ce point qu'elle ne pourra jamais à elle seule en disposer. Toujours il lui faudra l'*auctoritas* de son tuteur. A Rome, la succession est basée sur la parenté civile, et l'on ne veut pas que les biens sortent du patrimoine d'une famille par un acte de disposition de la femme. Chez un peuple où nul ne peut être de deux familles civiles, où la femme ne devient l'agnate de son mari et de ses enfants qu'à la condition de n'avoir avec sa famille naturelle que des liens d'une parenté que la loi ne prend point en considération au point de vue de la dévolution des biens, n'était-il pas à craindre que la mère ne cherchât à faire tenir une partie de sa fortune à des enfants dont elle n'est que la cognate, que la sœur ne disposât d'une partie des biens qu'elle recueille dans le patrimoine de son mari au profit de ses frères? Ne faut-il pas penser qu'elle fera son possible pour faire aller sa fortune là où se trouvent les objets de son affection. La loi ne l'a pas voulu. Pleinement capable de disposer à son gré de ses *res nec mancipi*, la femme a besoin de l'*auctoritas* de son tuteur pour aliéner même à titre onéreux ses *res mancipi*. N'y a-t-il pas dans ce fait une preuve que les Romains avaient cru trouver dans les *res mancipi* l'élément stable des fortunes, la base solide et inébranlable de la richesse des citoyens? Mais ce point de vue changea. Ce qui fit perdre à cette division son importance, c'est que les Romains y virent une classification fermée et qu'ils ne crurent pas pouvoir l'étendre à de nouveaux biens importants, qui entrèrent alors dans le patrimoine des particuliers avec le caractère de *res nec mancipi*. Nous voulons parler des servitudes urbaines. C'est ainsi que, s'appliquant aux fonds de terre italiques, la catégorie des *res mancipi* était fermée aux terres provinciales. De plus, les *res mancipi* entraînaient cette nécessité de l'aliénation, par un mode civil compliqué, et ce n'était pas à une époque où l'on essayait de se débarrasser des entraves du vieux formalisme, que l'on devait être tenté de respecter plus que les autres une conséquence dont on ne voyait pas la raison d'être. Ne faut-il pas considérer aussi comme une cause importante de la décadence de cette division, l'ascendant que les femmes surent acquérir sur leurs tuteurs, qui changea ces censeurs en simples complaisants. D'ailleurs est-ce une influence à négliger, ce changement qui se produisit au commencement de l'empire, dans la façon de comprendre le rôle du tuteur. Si l'on ne pose pas encore le principe que la tutelle n'existe qu'au profit de la femme et de l'*impuber*, on reconnaît déjà que son fondement est la protection à laquelle a droit celui à qui la loi trouve nécessaire de donner un tuteur pour l'accomplissement des actes de la vie civile. Ce dernier n'est plus alors uniquement un homme qui administre pour lui le patrimoine d'autrui.

Ce qui est certain, c'est qu'au moment où la division des *res* en *mancipi* et *nec mancipi* diminue d'importance pratique, une autre apparaît à côté d'elle, grandit à mesure que la première tend à décliner, finit même par remplir complètement le rôle qu'elle avait joué et la fait disparaître tout à fait. Cette nouvelle division, qui va devenir de plus en plus importante, à mesure que diminuera l'influence des choses *mancipi*, c'est la division des biens en meubles et immeubles. Fondée, comme sa devancière, sur l'idée de la valeur plus grande de certains biens, elle prendra plus d'importance à mesure que les interprètes hésiteront moins à lui donner des extensions et à la rendre artificielle. Mais quels que soient les progrès accomplis, nous ne pouvons cependant pas espérer trouver, en droit romain, une doctrine établie. Une fois l'idée émise, c'est presque inconsciemment et insensiblement qu'on en déduit les conséquences et l'on obéit aux raisons pratiques sans presque se soucier de la raison juridique.

APPARITION DE L'IDÉE DE LA VALEUR PLUS GRANDE DE L'IMMEUBLE

Au moment où l'on commençait à remarquer que les besoins de l'existence forçaient à se débarrasser du vieux formalisme, qu'il faudrait aussi, un jour ou l'autre, porter la main sur la division des *res* en *mancipi* et *nec mancipi*, on avait senti la nécessité de garantir d'une façon spéciale certains éléments de la fortune. Au commencement de l'empire les mariages n'étaient plus entourés de la même faveur, et bien souvent le divorce venait brusquement mettre un terme aux unions. La fréquence des divorces entraînait de graves inconvénients pécuniaires pour les femmes, à une époque où le luxe était aussi développé que nous l'apprennent les écrits des historiens et des jurisconsultes. Le mari, propriétaire de la dot, devait bien souvent renvoyer, ruinée, celle à laquelle, à la dissolution du mariage, il était incapable de rendre sa dot, dans les cas où il l'avait reçue sous cette condition.

Il y avait là un mal dont Rome souffrait et qu'il fallait faire disparaître. Celui qui croyait connaître assez l'influence de l'argent sur ses concitoyens pour espérer que la perspective des héritages à recueillir suffirait à rendre les unions longues et fécondes, avait bien le droit de penser qu'une femme, riche toute sa vie, serait toujours capable de conquérir et de garder le cœur d'un mari. Il fallait cependant prévoir le cas où, une première expérience n'ayant pas été heureuse, la femme désirerait faire à nouveau l'essai de cette puissance. *Interest reipublicæ mulieres dotes salvas habere propter quas nubere possunt.* (23, 3, 2.)

Pour arriver à ce résultat, il fallait enlever au mari la propriété de la dot, la laisser à la femme, qui eût administré ; c'eût été manquer le but, le mari n'ayant pas assez d'intérêt à se marier ; — ou bien ne rien changer à l'état de choses : rendre seulement le mari et la femme incapables d'aliéner la dot, ou au moins ses éléments plus importants. On ne peut évidemment rendre le mari complètement incapable d'aliéner les objets qui composent la dot, c'eût été trop contraire aux intérêts des époux pour certains biens, en outre pour les meubles, dont l'origine ne peut pas toujours être établie, n'eût-ce pas été porter une trop grave atteinte aux droits du mari et à sa capacité juridique? On se résigna donc à ne prendre parmi les biens dotaux que les plus importants pour les rendre inaliénables. Il y avait, parmi les choses que l'on était habitué à considérer comme très importantes, des biens qui pouvaient facilement permettre au législateur d'atteindre son but : c'étaient les immeubles italiques. Ce sont des éléments précieux du patrimoine, dont ils composent une partie stable et à l'abri de tous risques. Ils ont pour eux la perpétuité des revenus périodiques à peu près constants, ce qui leur donne une valeur qui est peu sujette à des variations. En outre, il y avait là un bien qu'on pouvait frapper d'indisponibilité sans porter un bien grave préjudice à la capacité du mari. Les raisons qui avaient fait créer entre les meubles et les immeubles des différences qui subsistaient, le prouvaient. Comme il était toujours possible à l'acquéreur de savoir de qui venait le bien offert en vente par le mari, il n'y avait point à craindre un refus quand le bien à vendre était le propre immeuble du mari. C'est à cette décision qu'on s'arrêta et l'on déclara que le mari, tout en continuant à devenir le propriétaire de la dot de sa femme, ne pouvait plus seul aliéner les immeubles italiques qui y sont compris. (Justinien, *Inst.*, II, 8, p.; —23, 5, 4.) Ce que le mari ne peut pas aliéner, c'est l'immeuble tel qu'il se comporte, avec les droits réels, les servitudes qui y sont attachées. C'est ce que décide Ulpien (23, 5, 5 et 6), en mettant son avis sous l'autorité de Julien. C'est du reste logique : aliéner une servitude de passage ou d'aqueduc qui appartient à un fonds, c'est aliéner une partie du fonds. Mais c'est aussi la franchise du fonds que ne peut atteindre le mari. Constituer, en effet, une servitude sur un fonds qui était libre, n'est-ce pas dépouiller cette terre d'une partie de ses avantages, et par conséquent l'aliéner partiellement. Ce n'est pas seulement l'aliénation directe qui est interdite, c'est aussi l'aliénation indirecte par voie d'hypothèque. En effet Gaius (23, 5, 4) nous dit, « qu'il faut étendre ce que la loi Julia dit de l'impossibilité pour le mari d'aliéner ou hypothéquer le fonds dotal. » Nous ne croyons pas qu'on doive conclure de ce texte, que c'est la loi Julia qui a directement créé cette impossibilité d'hypothéquer le fonds dotal. On est généralement d'accord pour ne voir là qu'une extension donnée à la loi pour analogie de motifs. C'est même l'hypothèque consentie par le mari et la femme réunis qui est prohibée. Cette règle n'avait été posée que pour les fonds italiques ; Justinien assimile à cet égard les fonds provinciaux aux autres. Tous les immeubles qu'une femme apporte en dot à son mari sont, à partir de ce jour, inaliénables, tant qu'ils gardent cette qualité. Au point de vue de l'époque de la restitution de la dot, Justinien innove encore : avant lui, le mari tenu de restituer la dot devait rendre immédiatement après la dissolution du mariage les immeubles et corps certains qu'il devait avoir en sa possession ; il avait un délai pour restituer les objets qui se consomment par l'usage ou ceux dont le mari ne devait que l'estimation. L'empereur décide que dorénavant le mari devra rendre aussitôt après la dissolution les immeubles qu'il doit toujours avoir en sa possession, et, après l'expiration seulement d'un délai d'un an, les autres biens, c'est-à-dire les meubles, qu'il doive restituer des corps certains ou une estimation. (V, 14, L. unic., § 7, *Cod.*)

Sous Septime Sévère, nous trouvons le second acte législatif important, c'est le sénatus-consulte, qui décide que les tuteurs ne pourront plus à l'avenir vendre à leur gré les immeubles ruraux des mineurs ; qu'il leur faudra obtenir, au préalable, un décret du magistrat, à l'effet d'y être autorisés. (27, 9, 1, § 2.) Pour les meubles, on leur imposa, au contraire, l'obligation de les aliéner promptement et d'employer les sommes qui provenaient de cette vente. On dut réagir, et une constitution de Constantin n'eut d'autre but, non d'augmenter les pouvoirs de ces tuteurs, en ce qui concerne ces biens, mais au contraire de les restreindre, en ce sens qu'elle leur interdit absolument toute aliénation de bien, présentant quelque valeur. (5, 37, 22, *Code.*) C'était, certainement, l'idée qui avait conduit Auguste à faire déclarer inaliénable le fond dotal, qui avait engagé Septime Sévère, à traiter de même l'immeuble rustique du mineur, bien important à valeur fixe et productif.

Certains auteurs ont voulu rattacher le sénatus-consulte de Septime Sévère à une idée de conservation des biens qui pouvaient présenter pour le mineur un souvenir de famille. C'est peut être à tort; car comment expliquer que les maisons de ville n'aient pas été rendues inaliénables avant Constantin.

DE L'ORDRE A SUIVRE DANS LA VENTE DU *pignus judiciale*

C'est au même développement qu'il faut rattacher l'idée qui dicte à Ulpien la décision suivante (42, 1, 15, § 2) : « Quand il s'agira de réaliser les objets du gage, on devra prendre d'abord les meubles et les vendre les premiers; si le prix obtenu suffit, tout est bien. Sinon, il faudra affecter au gage jusqu'aux immeubles et les vendre; c'est même par eux qu'il faut commencer, s'il n'y a pas de meubles. Les magistrats ont coutume de s'exprimer ainsi : s'il n'y a pas de meubles, que le gage frappe les immeubles; car il ne faut pas commencer par les immeubles, si les immeubles eux-mêmes ne sont pas suffisants, ou s'il n'y a pas d'immeuble que puisse frapper le gage, alors il faudra prendre les *jura.* » Les *jura* dont il est question doivent être les créances, les biens incorporels du débiteur. Nous n'avons pas à expliquer très longuement pour quelles raisons Ulpien les met dans la dernière catégorie des choses à aliéner. Il est certain que Rome ne possédant pas une législation très favorable à la vente de créances, ne devait pas être portée à faire mettre d'abord des créances aux enchères; d'ailleurs, en dehors de cette raison, on peut trouver dans la créance elle-même l'explication de cette décision. Un droit de cette nature est toujours un bien dont la valeur est variable et incertaine, elle repose sur la fortune, l'honorabilité, la bonne foi du débiteur. Mise en adjudication, elle rapporte plus à l'acquéreur qu'au vendeur. A cause des risques d'insolvabilité à courir, l'adjudicataire est toujours un spéculateur qui tâchera, ici encore plus qu'en toute autre opération, de faire une affaire aussi avantageuse que possible. Le législateur pense que c'est seulement à la dernière extrémité qu'il doit consentir, dans ces conditions, à la vente de ces biens. Ce sont là des raisons qui, pour nous, justifient suffisamment la place que l'on donne aux *jura*, dans l'ordre à suivre pour la vente. Nous n'allons pas jusqu'à dire que les Romains voyaient dans les créances des biens importants, mais nous ne trouvons que cette seule raison de la plus grande valeur d'une catégorie de biens, pour expliquer qu'on doive vendre d'abord les meubles et seulement après les immeubles. Il y a là deux classes de biens, qu'il n'est peut-être pas nécessaire d'enlever au débiteur, pour donner satisfaction au créancier; une seule suffira, on l'espère, pour le désintéresser. Par laquelle faut-il commencer ? Elles n'ont pas la même valeur, la même importance, la même utilité. La vente de l'une, de celle qui a le moins d'importance, privera moins le débiteur, c'est celle-là qu'il faut vendre tout d'abord, et l'on commence par les meubles. On ne vendra les immeubles qu'en cas d'insuffisance. Peut-être avec le nouveau développement que reçoit la distinction, cette insuffisance de meubles devait-elle se présenter assez souvent. Nous faisons allusion ici à cette catégorie de biens que notre législation érige en immeubles sous la qualification d'immeubles par destination. Avant de nous demander si cette classe d'immeubles existait, il nous faut examiner un autre point.

LES ROMAINS ONT-ILS CONNU LES IMMEUBLES PAR L'OBJET AUQUEL ILS S'APPLIQUENT ?

Les premiers jurisconsultes romains avaient été induits en erreur par leur manière de comprendre la division des biens en corporels et incorporels. Ils avaient cru trouver dans les droits de servitude une absence complète de l'élément physique qu'ils pensaient exister dans la propriété, et que suppose la possession. Ils ne voient pas que les servitudes personnelles ou prédiales se prêtent aux mêmes actes de possession que la propriété : le titulaire d'un droit de passage l'exerce corporellement ; le titulaire d'un droit d'usufruit en use comme de son droit de propriété ; c'est par les mêmes actes qu'il arrive à percevoir les fruits. Méconnaissant ceci, ils firent des servitudes des biens incorporels de *jura*, et comme tels des biens qui étaient en dehors de la classification en meubles et immeubles. Mais le préteur, tout en ne changeant rien aux mots reçus, tout en ne déclarant pas les servitudes des choses corporelles, en fit des biens qui étaient susceptibles, non pas de possession, mais de quasi-possession, qui pouvaient, comme la propriété, être transmis par tradition ou plutôt par quasi-tradition et qui étaient susceptibles d'être acquis par la *longa quasi-possessio*, par la *prescriptio longi temporis*. Enfin il les protégea par un interdit quasi-possessoire ou utile, qui était presque l'équivalent de la revendication. En un mot, il consacra la doctrine que Labéon avait enseignée (8, 5, 2, § 3). Ces biens entraient par conséquent, dans la division. Ils y entrèrent avec la qualité d'immeubles, c'est ce que nous avons vu, à propos du fonds dotal comme accessoires de l'immeuble auquel ils appartenaient, auquel ils profitaient et dont ils augmentaient la valeur. Pour ces servitudes nous trouvons une véritable application faite par Ulpien (18, 1, 47). Il décide que l'acquéreur d'un fonds dominant a droit à la servitude d'acqueduc, attachée à cet immeuble, alors même que l'on n'en a pas parlé au moment de la vente. Le droit d'usufruit entre lui-même dans la classification, avec une qualité qu'il doit à l'objet sur lequel il porte. Est-ce un esclave qui est affecté du droit, l'usufruit est mobilier; est-ce un fonds de terre, le droit forme un immeuble. (*Paul. Sent.*, 3, 6, 30.) L'usufruit s'éteint par le non-usage d'un an s'il porte sur un meuble, de deux ans sur un immeuble. Justinien augmente les délais, mais il respecte le principe : trois ans pour les meubles, dix ans pour les immeubles. Il résulte de ces textes que les Romains ont connu les biens meubles ou immeubles par l'objet auquel ils s'appliquent.

IMMEUBLES PAR DESTINATION

Nous faisons allusion ici à cette catégorie de meubles, dont les rédacteurs du Code, pour répondre, à ce qu'ils croient être la volonté du propriétaire, font des immeubles par destination. Certes, aucun titre du *Digeste* ni du *Code* ne contient rien qui puisse faire croire que les Romains avaient donné un nom à cette catégorie spéciale des biens ; ils n'établissent même pas, il faut le reconnaître, de théorie générale à cet égard; mais il est facile de relever, dans les textes, des preuves assez nombreuses et assez solides, pour pouvoir affirmer que les jurisconsultes ont eu conscience de la nécessité de traiter différemment certains meubles et de les identifier aux immeubles *quorum partes sunt;* qu'ils n'ont point hésité à faire passer du domaine de la spéculation dans celui de la pratique des conséquences de cette idée, et qu'il y a eu chez eux un mouvement qui se produisit insensiblement, et qui aurait forcément dû aboutir à une véritable et solide théorie, comme cela a eu lieu en droit français, si les juristes romains des derniers siècles avaient été aussi subtiles que leurs devanciers, s'ils avaient joui d'une égale indépendance. Un immeuble rural n'a de valeur que par ses produits périodiques, eux-mêmes ne valent et ne germent que par les soins donnés et la culture imprimée au sol. C'est un champ, c'est une vigne, c'est un pâturage. A cet immeuble, il faut des esclaves pour le cultiver, des bœufs pour traîner les charrues, des pressoirs pour extraire l'huile des olives, le vin des raisins. Les pâturages ne vaudront que parce qu'ils seront couverts de troupeaux de bœufs et de moutons. Le propriétaire qui vend un immeuble en pleine exploitation, tient à le vendre au plus haut prix possible ; celui qui consent à l'acheter veut aussi en tirer un profit immédiat. Que faire? Va-t-on vendre l'immeuble tout seul. Le vendeur a des esclaves, des bœufs, des troupeaux, tous les *instrumenta*, qui garnissent son fonds : s'il aliène sa terre nue il sera obligé de se débarrasser, de vendre ces esclaves, laboureurs, bergers, qui feraient triste figure dans sa maison de ville. Il ne peut compter les mettre dans une autre propriété agricole; car là aussi, il a le nombre d'*instrumenta* nécessaire. Il ne peut donc que les vendre; mais à qui? L'acheteur aura de son côté besoin de mettre sur son acquisition les mêmes éléments. Il faut qu'il les achète. Il est donc inutile de faire deux opérations qui ne profiteraient à personne. Tous les *instrumenta* sont sur place : les esclaves connaissent le sol, les bestiaux sont acclimatés : il n'y a donc qu'à vendre et acheter les *instrumenta*, au moment où on vend et achète le fonds. C'est là une pratique que nous pouvons dire constante, quand le fonds vendu est cultivé directement par le propriétaire ; et quand le fonds est cultivé par des fermiers, le vendeur est assuré que l'acheteur acceptera et respectera les contrats qu'il a passés avec ses fermiers. La logique des choses, elle-même, le veut. Nous avons de plus, dans les nombreux détails que nous donnent les jurisconsultes à ce propos, la preuve que le fait est excessivement fréquent, et la réglementation à laquelle ils se livrent sur des points intimes nous montre l'importance de toutes les questions qui se rattachent à ce fait. Ce n'est pas seulement en matière de vente que l'on suit cette pratique, c'est en matière de donation (41, 2, 48, *de legs*). Tous les titres du *Digeste* qui concernent un mode quelconque d'aliénation, ont plusieurs lois consacrées à cette étude. En dehors de la matière des immeubles ruraux, la question se pose aussi en matière d'immeubles urbains. Ceux-ci n'atteignent aussi la fin à laquelle ils sont destinés qu'à la condition d'avoir certains accessoires meubles, qui ne peuvent que d'une façon imparfaite faire corps avec eux : ce sont les portes, les volets des boutiques, les couvertures mobiles. Le point difficile est de savoir où commence le lien, où il s'arrête, quelles sont vraiment les *partes fundi*. C'était là une question qui avait mis en éveil la perspicacité des jurisconsultes, et que Labéon tranchait en des termes que ne désavouerait pas un juriste moderne. (19, 1, 17, § 7.) Labéon pose en termes généraux que les meubles qui sont affectés à perpétuité au service d'un édifice, font partie de l'immeuble ; ceux au contraire qui ne s'y trouvent que pour servir à un usage momentané, ne sont pas immeubles.

Il ajoute : *Temporis quidem causa positæ, non sunt ædium; verumtamen si perpetuo fuerunt positæ, ædium sunt :* « Les objets qui sont mis à temps ne sont pas des parties de l'immeuble, il en est différemment au contraire de ceux qui sont mis à perpétuelle demeure, car ce sont des éléments de l'immeuble. » Ne sont-ce pas bien là nos immeubles par destination? Et ceux-ci (§ 8), *aut quæ terra continentur, quamvis non sint adfixa, ædium sunt* : « Et tous ceux qui, quoique non scellés, sont compris dans la terre sont des fractions de l'immeuble. » C'est en ces termes que Labéon tranche les difficultés qui se présentent en matière de vente ou de legs d'édifice: « Pour les maisons sont immeubles tous les objets, mais ceux-là seuls, qui sont dans l'immeuble pour un usage perpétuel : *quæ perpetui usus causa in ædificiis sunt.* (50, 16, 24, § 4.) C'est avec ce critérium qu'il décide qu'une couverture mobile, qui ne sert qu'une partie de l'année, est immeuble, *quoniam perpetui usus paratæ sunt neque ad rem pertinere quod interim tollerentur.* Ces termes sont assez généraux pour qu'on les considère comme l'expression d'une théorie que formulait Labéon. Mais il ne s'occupait que des difficultés qui pouvaient s'élever en matière de biens urbains. La lutte restait ouverte en matière d'immeubles ruraux. Les nombreux textes insérés au *Digeste* nous montrent son importance. Nous pouvons constater, d'après leurs décisions, que c'est dans le même esprit que Labéon, que les auteurs interprètent les clauses si nombreuses qu'ils cherchent d'ailleurs de plus en plus à étendre. Il ne faut du reste en ceci que suivre les intentions probables des contractants qui, de plus en plus marchent dans la voie de l'extension. C'est ainsi qu'Ulpien (33, 7, 12, p.) décide que le legs *cum instrumento* d'un fonds comprend non seulement le blé de semence, mais aussi le blé nécessaire pour nourrir les esclaves pendant l'année. Il est vrai que dans cette même loi, § 3, Ulpien donne une décision qui paraît avoir un caractère restrictif. Venant à se demander si un esclave *quasi colonus*, c'est-à-dire auquel le maître reconnaît une certaine liberté et donne des terres à cultiver, moyennant une redevance fixe est compris dans le legs : il décide que cet esclave n'y est pas compris. C'est que cet esclave auquel son *dominus* laisse une certaine liberté de fait n'est pas attaché à la culture de ce fonds à perpétuelle demeure. Il est libre, à condition de payer cette redevance à son maître, d'aller ailleurs louer un champ. Cette décision d'Ulpien est donc logique (§ 7). N'est-ce pas encore une grave extension que cette décision dictée par un motif d'humanité, en vertu de laquelle on doit croire que le testateur, en léguant des esclaves, a entendu léguer avec eux leurs femmes et leurs enfants? La pratique ne s'arrêtait pas uniquement aux esclaves. Les éléments agricoles, les *instrumenta* d'un fonds pouvant être des hommes libres, de petits paysans, qui moyennant une redevance prenaient à bail des terres : c'étaient des fermiers, des colons. Les propriétaires disposaient d'eux et de leurs contrats, en aliénant leur fonds. Souvent même ces fermiers, qui n'étaient pas dans une situation très prospère, se trouvaient en retard pour payer leurs fermages et même, quelquefois, de plusieurs années. Quand un propriétaire se débarrassait de son domaine, il lui arrivait fréquemment de comprendre dans l'aliénation les *reliquia*, les arriérés des fermiers (37, 7, 20, § 3). Ce texte nous fournit un exemple nouveau de la façon large avec laquelle les juristes interprètent les clauses qui se réfèrent à cette nouvelle classe d'immeubles. Dans le legs de l'arriéré on comprend même l'arriéré des fermiers qui ont quitté le domaine sans acquitter leurs fermages, mais en donnant caution. C'est dans ce fait que les fermiers libres ne sont pas riches et ne payent pas facilement leurs fermages que se trouve la raison qui permet de voir en eux une sorte d'immeuble, de *pars fundi*. Ne payant pas ils ne peuvent quitter la terre qu'ils cultivent : leurs biens et leurs personnes répondent de leurs dettes : ils sont de fait comme immobilisés sur le sol. C'est encore une nouvelle extension de la division, que marque une décision d'Ulpien (30, *unic.*, 112, *princ.*): « Celui qui lègue des colons libres sans le fonds auquel ils adhèrent, fait un legs nul. Toutefois Marc-Aurèle et Commode ont décidé, qu'il faudrait voir si l'intention du testateur n'a pas été d'en léguer la valeur. » Il ne s'agit pourtant plus seulement d'esclaves, mais de colons libres ; c'est-à-dire d'individus qui avaient le droit de quitter le sol. Il est encore possible d'aller plus loin, et c'est une décision de Valens, Valentinien et Gratien, de l'an 366, qui donne une nouvelle extension à cette catégorie d'immeubles. Ces empereurs interdirent au propriétaire de vendre ses colons sans le fonds, ou le fonds sans les colons

Ce que nous avons d'abord considéré comme une pratique générale, sort du domaine des faits pour être l'objet des réglementations des jurisconsultes, puis des empereurs et devient une nécessité. La théorie des immeubles par destination a déjà deux éléments importants, que l'immeuble soit urbain, ou rural. Mais nous allons, avec Justinien, constater que cette pratique de ne vendre le fonds qu'avec les cultivateurs et souvent leur arriéré, n'en reste pas là. C'est qu'en effet, nous n'arrivons qu'en les rattachant à ce mouvement à comprendre les décisions des textes dans lesquels Justinien nous parle de *reditus*, qu'il traite comme des immeubles, et qu'il appelle ainsi formellement. *Reditus* a pour signification dans l'ensemble des textes : « redevance due par celui qui a pris à bail des immeubles. »

C'est le sens qu'a ce mot dans tout le titre LXVII du livre XI, au *Code*. Dans la loi 31 au *Code* (V, 12), Justinien qualifie d'immeubles les *reditus* constitués en dot à la femme. C'est du reste aux immeubles qu'il assimile les revenus des immeubles dotaux, quand il s'agit de la restitution à en faire à la femme. C'est bien parce qu'on est arrivé à donner aux *instrumenta* le caractère de l'immeuble qu'on a considéré comme ayant la même nature les produits de l'immeuble. Comment pourrait-on autrement expliquer l'extension de cette qualité au nouvel accessoire des immeubles que nous font connaître plusieurs lois, et entre autres, cette loi 31, § 2, que nous venons de citer? *Si quis in dotem vel prædia vel certum reditum, vel ædes, vel panes civiles, spoponderit... Sin autem aliæ res præter immobiles fuerint datæ:* « Si quelqu'un a constitué en dot des fonds de terre, une redevance fixe, des maisons ou des annones civiles... Si au contraire on a donné autre chose que des immeubles. » (5, 9, 6, § 1.) L'empereur Léon décide que la femme qui, ayant des enfants de son premier mariage, convole en secondes noces, ne pourra consentir l'aliénation (*immobilium rerum et mancipiorum annonarum quoque civilium*) « de ses biens immeubles, de ses esclaves et aussi des annones civiles. » (V, 9 L. 6.)

C'est encore en ce qui concerne l'époque à laquelle on doit restituer les biens dotaux à la femme (V, *l. unic.*, § 7, *in fine*). Seront, en tant qu'immeubles, rendus inaliénables les biens des cités, *domus aut annonæ civiles, aut quælibet ædificia vel mancipia*. Puis la novelle 7 de Justinien sur l'inaliénabilité des biens des églises (préf., chap. I, III, VI, VIII), qui frappe d'indisponibilité l'immeuble, maison ou champ, colon ou esclave rustique, les annones civiles (car il faut compter ces choses au nombre des biens immeubles) : (*rem immobilem, domum forsan aut agrum, aut colonum, aut mancipia rustica, aut civiles annonas (nam hæc inter immobilia sunt numeranda)*. Quels sont donc ces nouveaux immeubles désignés sous le nom de *panes civiles* d'*annonæ civiles?*

IMMEUBLES PAR DÉTERMINATION DE LA LOI

Ces deux mots visent une seule et même chose : l'annone *ædium*, création de Constantin. Cet empereur voulant éviter *ne urbs ruinis deformetur*, décida que quiconque construirait une maison à Constantinople, aurait droit à une distribution de vivres, à prendre sur le trésor du prince. Il n'y a là qu'une créance ; mais comme elle est la récompense de l'acte de construction, l'empereur voulut que cette créance ne fût pas personnelle, ne fut pas due au constructeur, mais réelle, si nous pouvons nous exprimer ainsi, c'est-à-dire que le titulaire était, non pas le constructeur, mais l'immeuble, et par son intermédiaire, son propriétaire quel qu'il fût. Aussi voit-on, au *Code Théodosien* (14, 17), des constitutions de Valens et Valentinien (364) (loi 1), et de Théodose, Arcadus et Honorius (loi 12 de l'an 393), qui décident, qu'en cas d'aliénation de l'immeuble, celui-là seul aura le droit à l'annone qui sera propriétaire de la maison ; mais que celui-là aura ce droit, qu'il soit devenu propriétaire par achat ou succession. On voit le progrès. Plus haut nous avons vu des servitudes, biens incorporels entrer, dans notre classification et suivre comme immeubles les immeubles auxquelles elles s'appliquent; ici, nous voyons d'autres biens incorporels, de simples créances, entrer dans la division, comme immeubles, comme dépendant d'un immeuble.

NOUVEAUX CAS D'INALIÉNABILITÉ DES IMMEUBLES

Mais en même temps, nous voyons se développer le système de protection des biens immeubles, inauguré par la loi Julia *de fundo dotali*. La femme qui convole en secondes noces, au cas où elle a reçu des donations de son premier mari, ne doit pas avoir la liberté de dépouiller de ses biens les enfants qu'elle a eus du donateur. Léon frappe à cet effet les immeubles d'inaliénabilité (*Code*, 5, 9, 6, § 1). A côté ce sont les curiales, qui ne peuvent, sans autorisation, vendre leurs *res immobiles vel mancipia rustica* (10, 33, 3, *Code*). Ce sont les biens des cités qui ne peuvent être aliénés, sans les mêmes conditions. (11, 31, 3, *Code*.) Enfin c'est surtout la novelle 7, qui a pour but de rendre inaliénables les immeubles des églises, et qui n'autorise la vente des immeubles par destination (vases sacrés, chap. VIII) que pour le rachat des captifs.

Conclusion. — Arrivé au terme de cette étude, il nous est permis de constater quels progrès a fait déjà, à Rome, cette division. D'abord presque inconnue, ne comportant que des différences imposées par la nécessité, elle profite de la disparition de la distinction artificielle de *res mancipi* et prend sa place. De ce jour les différences entre les meubles et les immeubles fondées sur l'importance différente des biens, se succèdent rapidement, et entraînent la classification dans l'arbitraire. On voit apparaître, à côté des immeubles par nature, les immeubles par l'objet auquel ils s'appliquent et les immeubles par destination, par détermination de la loi. C'est surtout dans deux classes que les progrès sont frappants, déjà à l'époque classique ; mais quel nouvel accroissement elles prennent avec les derniers empereurs ! Au détriment du nombre et de la valeur des meubles, les immeubles grandissent et l'on ne voit plus beaucoup de biens importants, laissés dans la catégorie des meubles. Les *instrumenta* des *prædia :* esclaves, animaux, navires même (5, 13, 7, *in fine*), cessent d'en faire partie. Il reste cependant des meubles précieux : ce sont les esclaves attachés au service de la personne, c'est-à-dire les plus intelligents et les plus chers. Ce sont enfin les créances, qui ont toujours représenté un élément important du patrimoine des Romains. En outre, il ne faut pas oublier que la façon de concevoir la propriété reste la même, qu'elle porte sur un meuble ou sur un immeuble. Comme à l'origine de Rome, la propriété et la possession ont la même sanction : revendication publicienne, interdit, la propriété reste susceptible des mêmes démembrements : usufruit et hypothèque. Elle comporte les mêmes modes de transmission. La succession est réglée d'une façon unique, sans qu'on ait cru nécessaire d'introduire un mode spécial de dévolution des immeubles ou des meubles. Enfin l'influence de la distinction est nulle en ce qui concerne la naissance, la conservation ou l'extinction des obligations. C'est uniquement en certains points de détail, de plus en plus nombreux, que ne se manifestent les conséquences de cette division des biens. Si donc on peut dire, en terminant, que les immeubles ont acquis à Rome une grande valeur, on ne peut pas encore dire que les meubles n'en ont aucune. C'est ailleurs qu'il faut chercher ce mépris des meubles.

ANCIEN DROIT

PROPRIÉTÉ MOBILIÈRE ET IMMOBILIÈRE CHEZ LES GERMAINS

Ce n'est pas non plus chez les Barbares, en Germanie, que nous devons trouver l'origine de ce mépris de la propriété mobilière. César et Tacite sont les seuls auteurs qui nous fournissent des documents à cet égard; ils ne sont ni bien nombreux, ni bien complets; mais nous avons avons cependant, croyons-nous, le droit d'en tirer des conclusions. César ne relève qu'un seul point, celui qui l'a surtout frappé, qui lui paraît extraordinaire. Il dit des Germains : *Agriculturæ non student. Neque quisquam agri modum certum aut fines habet proprios, sed magistratus ac principes in annos singulos gentibus cognationibusque hominum qui una coierunt, quantum et quo loco visum est agri attribuunt, atque anno post alio transire cogunt.*

Ainsi pas de propriété immobilière privée chez les Germains : un simple partage annuel des terres, partage qui, présidé par le *princeps*, attribue à chacun une quantité suffisante de terre à cultiver, pour subvenir aux besoins des familles, variable d'après le nombre de leurs membres. Quelles raison César donne-t-il de cet état de choses ? la crainte que le guerrier ne se prenne d'une trop vive affection pour sa propriété et ne se laisse entraîner à renoncer aux expéditions lointaines; la seconde, c'est qu'on a voulu éviter que la propriété, s'accumulant entre quelques mains, ne fît du possesseur un personnage trop puissant et objet de l'envie et de la haine de ses concitoyens, à cause de sa grande richesse. (*Guerre des Gaules*, VI, 16.)

Nous n'avons point à discuter la valeur des raisons de César : ce que nous devons remarquer, c'est que Tacite donne en principe les mêmes solutions, en ce qui concerne le régime des terres (*Mœurs des Germains*) : *Arva per annos mutant. Agri pro numero cultorum ab universis viris occupantur quos mox inter se secundum dignationem partiuntur* (26).

Il y a cependant une partie du sol que les Germains affectent d'un droit privatif : c'est cet endroit que la beauté du site, la proximité d'un ruisseau rendaient assez agréable pour qu'un Germain y établît sa demeure. Sur l'emplacement de cette demeure et sur une partie de terre autour, le Germain a un droit de propriété privée (16). En dehors de cela, ils ne connaissaient que la propriété mobilière. Un cheval, des armes, voilà les présents qu'adresse le chef germain aux guerriers de sa suite, que les tribus offrent au chef d'une tribu amie, que la tribu offre à ses défenseurs (15). La dot que le mari apporte à sa femme se compose de bœufs, d'un cheval et d'armes (18).

César ne dit rien de précis concernant le régime de la propriété mobilière chez les Germains. Ce qu'on peut relever, c'est que l'on sent, à la lecture des quelques phrases qu'il consacre à l'étude des mœurs de ce peuple, qu'il la suppose.

Il y avait du reste là un fait tellement nécessaire, que sa constatation était inutile. Voilà tout ce que nous pouvons dire du régime de la propriété en Germanie. Quels étaient les droits de la famille, de la tribu sur chacun de ces biens ? A qui étaient-ils dévolus à la mort du propriétaire ? nous ne le savons pas pour cette époque. Ce que nous pouvons affirmer, c'est que ce n'est point chez un peuple qui ne pratiquait, pour ainsi dire, que la propriété mobilière privée, que nous pouvons trouver le mépris de cette propriété et l'exaltation d'une propriété immobilière qui n'existe pas.

DROIT DES GERMAINS POSTÉRIEUR A L'ENTRÉE EN GAULE

Les textes législatifs que nous avons de ces peuples, sont contemporains ou postérieurs à leur entrée en Gaule. Nous constatons, grâce à eux, qu'une modification importante s'est produite. A cette époque un nouvel élément est venu augmenter le patrimoine du Barbare : c'est la propriété immobilière individuelle. Etait-elle connue des Germains depuis la mort de Tacite et antérieurement à la conquête de la Gaule, ou ne fut-elle pratiquée par eux que postérieurement à cette date, à l'imitation des populations au milieu desquelles ces guerriers s'installaient? c'est là une question qui est entourée d'obscurité, et dont la solution ne présente pas du reste un intérêt bien direct pour notre étude. Ce que nous tenons pour certain, c'est qu'à l'époque de la rédaction de la loi salique, la propriété immobilière privée était connue ; certaines dispositions de cette loi n'ont en effet pour but que d'en régler la transmission. Elles forment cette partie du titre *de alode* qui organisa la dévolution de la *terra salica*. On a beaucoup discuté sur la portée du mot *terra salica:* nous croyons, avec l'opinion la plus accréditée, que cette expression désigne la terre qui vient des ancêtres et non pas seulement, comme on a essayé de le soutenir, la terre des Francs Saliens, puisque d'autres peuples connaissent et possèdent aussi la *terra salica*. C'est ainsi que la loi Ripuaire donne, dans son titre *de alodio*, les mêmes décisions que la loi Salique, pour une terre qu'elle appelle *terra aviatica* et non pas *salica*. Le nom de *sala* a été donné d'abord à la maison du Germain, et au petit champ qui l'entourait.

Cette terre était le bien de la famille et passait aux parents. Mais ce mot reçut une exension, quand la maison ne fut plus le seul bien venant des ancêtres, quand les immeubles rustiques furent eux-mêmes objets de propriété privée et susceptibles de transmission héréditaire. *Terra salica* ou *aviatica* devint synonyme de bien de famille, de *terra paterna;* c'est dans ce sens que nous le trouvons opposé dans de nombreuses formules du ve siècle et des siècles suivants, aux mots *comparatum, acquisitum.* A ces biens succèdent les seuls mâles; au partage des meubles, au contraire, viennent en concours tous les héritiers compris dans la parentèle la plus proche du défunt. Nous devons constater que ces biens, à peine entrés dans le patrimoine des particuliers, sont déjà à cette époque considérés comme assez importants pour ne devoir passer, à la mort du propriétaire qu'à ceux-là seuls qui constituent la force, la puissance de la famille, aux mâles à l'exclusion complète de femmes. Ces biens, les *bona paterna,* vont à ceux qui héritent des armes, aux guerriers. C'est donc bien l'importance de ces biens qui, reconnue et admise, fait attribuer ce droit exclusif aux mâles et cela quelle qu'ait été la raison (idée de solidarité ou de copropriété de la famille) qui avait présidé à la dévolution des biens et fait interdire le testament chez les Germains. Quoi qu'il en soit, nous devons déduire de ces observations une remarque importante. Les Francs ont divisé les biens en deux classes : la *terra salica,* les *bona paterna,* les propres d'un côté, et les meubles et acquêts de l'autre. C'est ce que nous devons conclure de ce titre *de alode* et des nombreuses formules auxquelles nous faisions allusion précédemment. Ceci n'est point spécial aux Francs. Le paragraphe 1er du titre 84 de la loi des Burgondes décide : qu'à cause de la trop grande facilité avec laquelle les Burgondes aliènent leur lot, on juge nécessaire de leur interdire cette aliénation, au cas où ils ne possèdent point ailleurs un autre immeuble : *Quia cognovimus Burgundiones sortes suas nimia facilitate distrahere, hac præsenti lege credimus statuendum, ut nulli vendere terram suam liceat, nisi illi qui alio loco sortem aut possessionem habet.* C'est absolument dans le même ordre d'idées qu'est conçue la disposition du titre XVII de la loi des Saxons, lorsqu'elle décide que l'homme libre forcé par la nécessité doit offrir ses immeubles qu'il veut vendre, à ses parents d'abord, à son tuteur et seulement après à qui en voudra : *Si liber homo... si hereditatem suam necessitate coactus vendere noluerit, offerat eam primo proximo suo, si ille emere voluerit, offerat tutori suo, vel ei qui tunc erat a rege super ipsas res constitutus... Si nullus noluerit, vendat eam cuicumque volet.* C'est cependant ailleurs qu'il faut aller chercher la cause de la si grande importance de la terre.

ROLE DE LA FÉODALITÉ

La chute de la royauté carlovingienne fut marquée par l'avènement d'une foule de petites souverainetés. A la tête de chacune d'elles se trouvait un seigneur qui réunissait entre ses mains tous les pouvoirs qu'avait auparavant concentrés l'autorité royale. Les hommes qui se trouvaient placés sous les ordres de ce seigneur n'étaient pas tous au même degré de la hiérarchie sociale ; les uns étaient eux-mêmes, quoique ses inférieurs, des hommes puissants : c'étaient ses vassaux ; les autres au contraire occupaient les derniers degrés de l'échelle sociale : c'étaient les serfs, les manants, les hommes de post, les vilains plus tard. Cette place différente, ce rôle, prépondérant ou misérable, que chacun était appelé à jouer dans la société, ce n'était pas le mérite personnel qui l'assurait, c'était uniquement la possession de la terre. C'était elle qui fixait la condition de chacun. Si, à l'époque où les *seniores* étaient devenus indépendants à l'égard de la royauté, ou même auparavant, ils avaient pris en considération la force, le courage, le mérite de ceux auxquels ils concédaient la jouissance d'une partie de leurs vastes propriétés foncières, ces éléments de force n'avaient plus été pris comme causes déterminantes des concessions, du jour où l'hérédité des fiefs avait été consacrée. De ce jour était seul appelé à jouer un rôle important celui qui avait la vocation pour recueillir le droit à la détention de la terre, aux mêmes conditions que celui dans la succession duquel il trouvait ce bien. C'était donc, par conséquent, la terre seule qui permettait à celui qui était en relation avec elle de jouer un rôle prépondérant. Nous avons déjà constaté, pour l'époque du droit romain, que la terre, à cause de cet avantage, qui la distingue, de procurer à son propriétaire la faculté de recueillir des fruits périodiques, était un bien d'une grande valeur, qui devait être très recherché. Combien son importance ne devait-elle pas être accrue, dans une période où elle joignait à cette cause, déjà si appréciable, de valeur, un nouvel élément, qui lui donnait un rôle beaucoup plus prépondérant. Quelle ne doit point être sa valeur, la considération dont elle est l'objet, du jour où elle a pour fonction de régler la condition de la personne de celui qui est en rapport avec elle. C'est ce qui avait lieu alors. Avait-il eu réellement ce droit à l'origine? se l'était-il fait reconnaître par suite d'usurpation, le seigneur était réputé le propriétaire de toutes les terres situées dans l'étendue de sa seigneurie. De ces terres il avait fait des parts, des fiefs, qu'il avait concédés à des vassaux, en échange de promesses de services. Ces derniers avaient agi de même à l'égard de leur concession. Ils s'étaient, eux aussi, assuré les services et la fidélité d'hommes qui les entouraient. Ces arrière-vassaux avaient agi de même, à moins que le fief qui leur était concédé ne fût trop petit ; mais alors ils avaient réparti la terre entre ceux qui, moyennant une redevance, devaient la cultiver. Concédant, sur ces terres, des droits à ses vassaux, le seigneur ne leur avait pas octroyé un droit absolu ; il n'avait point renoncé sur elles à tous ses droits. Ce n'était point une pleine et absolue propriété, qu'acquérait le vassal : le seigneur se réservait sur elle un droit supérieur, dont la nature ne fut jamais bien déterminée, et qui alla toujours en diminuant, jusqu'au jour où il disparut complètement. Ce droit, que gardait le seigneur sur la terre concédée, était à l'origine si important, qu'encore au XVIe siècle, Cujas définissait le droit du concessionnaire : un simple droit à la jouissance de la terre, une sorte d'usufruit héréditaire : *jus prædio alieno in perpetuum utendi fruendi quod pro beneficio dominus dat.* Il est vrai, que déjà au XVIe siècle, l'opinion de Cujas était peu accréditée ; le sentiment général était alors que le droit du vassal était une propriété, grevée d'un droit supérieur au profit de la terre du fief dominant ; mais telle avait bien été l'idée véritable aux temps de la féodalité. Ainsi donc, celui qui avait droit à la propriété de la terre de la seigneurie avait un droit qui portait sur toutes les parties de la seigneurie : il était propriétaire du tout, c'était un gros propriétaire foncier. Il avait donc, en propre, un droit immobilier d'une grande importance.

Il faut toutefois remarquer que, pour la plus forte part de ces terres, il n'a plus, en réalité, qu'une sorte de nue propriété : l'usufruit se trouvant concédé à des tiers, aux vassaux. Il ne faut pas, à cet égard, oublier que l'abandon n'a point été absolument gratuit. La concession a été le prix d'une promesse de services. En échaneg de la jouissance qu'il a acquise, du droit à la protection du seigneur qui lui a été garantie, le vassal a dû promettre sa foi. De plus, il s'est engagé à lui fournir l'aide de son bras pour repousser les attaques dirigées contre lui, et à lui amener peut-être aussi un certain nombre de guerriers. Il y a si bien là un contrat commutatif, qu'au cas où, à la mort du concessionnaire, son héritier est incapable de porter les armes, on voit le seigneur garder pour lui les bénéfices de la jouissance, jusqu'au jour où l'enfant, devenu un homme, sera en état d'acquitter cette charge du fief. C'est du moins ce qui sera pratiqué tant que, la féodalité militaire n'étant pas encore détruite par la royauté, un parent du mineur, gardien noble, ne rendra pas le service d'host dû par le fief. C'est encore comme charge de la concession que le vassal a accepté l'obligation de venir siéger en la cour de justice du seigneur, pour l'aider à trancher les différends qui s'élèvent dans l'intérieur de la seigneurie. Avec le triomphe de la royauté, ces deux charges de la concession disparaissent, du jour où les guerres privées sont interdites, où les armées permanentes remplacent l'armée féodale, et du jour où les légistes deviennent les seuls juges capables de trancher les difficultés. Même à l'époque où la concession du fief fut faite à titre perpétuel, l'héritier ne pouvait en prendre possession que du consentement du seigneur. C'est que celui-ci avait droit à la foi et à l'hommage du vassal. Outre l'avantage honorifique qu'il retirait de cette cérémonie, et qui était pour lui une considération suffisante, pour qu'il tînt à ce qu'elle ne tombât pas en désuétude, dans la plupart des cas, le seigneur avait alors droit à des profits pécuniaires. C'était le profit de relief en matière de mutation par décès, dont le montant représentait le produit d'une année de revenu du fief ; c'était le profit de quint en matière de mutation de vassal, à la suite d'un contrat commutatif, et il était du cinquième de la valeur du bien.

Outre ces droits, que le seignnur avait comme prix de la concession, et qui représentaient dans son patrimoine la valeur de ce qu'il avait abandonné, il se trouvait avoir, comme éléments du droit supérieur qu'il s'était réservé, sur ses fiefs d'autres sources de profit. C'est à ce titre qu'il avait les droits de justice et de police. Rendant la justice par lui-même ou par des délégués, à ceux qui habitaient sur l'étendue de la seigneurie, il avait le droit de s'attribuer les amendes dont étaient frappés les coupables. C'était en vertu de ce droit qu'il recevait des officiers auxquels il déléguait le soin de rendre la justice en son nom, des sommes d'argent. C'est en vertu de son droit de police qu'il prélevait des droits de douane sur les marchandises qui traversaient l'étendue de la seigneurie. C'était comme conséquence de son droit de justice, de souveraineté, qu'il recueillait les successions en déshérence, les biens des étrangers et des bâtards. En vertu de ce droit supérieur, au moins autant que pour se récompenser du service qu'il rendait, il obligeait ceux qui habitaient sur ses terres, à faire usage des établissements qu'il créait, pour répondre à un besoin public, et qui constituaient les banalités, fours, moulins. N'avait-il pas encore, en vertu de son droit supérieur, s'il ne l'avait déjà à titre de prix de concession, pu exiger d'une catégorie d'individus, au moins quand ils avaient pour destination l'accomplissement d'un ouvrage public, la fourniture de ces services personnels connus sous le nom de corvées.

Comment fallait-il traiter cet ensemble de droits que le seigneur avait à l'occasion des terres concédées et sur ces terres? Nous l'avons dit : le seigneur avait dans son patrimoine un droit immobilier, qui portait sur toutes les terres qui y étaient situées. Il en avait été le propriétaire. Ce droit, qui aurait été incontestablement un droit immobilier s'il avait gardé par devers lui la possession entière, ne devait pas changer de nature par cela seul qu'au lieu de tout se réserver, il abandonnait à un vassal une partie de son droit à la jouissance. C'était toujours un immeuble, et comme il ne consentait pas gratuitement son abandon, comme le droit aux services remplaçait dans son patrimoine la jouissance à laquelle il renonçait, comme ces services lui étaient dûs à l'occasion d'un immeuble, ils prenaient eux-mêmes ce caractère, et constituaient un droit immobilier. Ces services ne donnaient pourtant, si l'on va au fond des choses, naissance qu'à une obligation de faire, que contractait le concessionnaire, c'est-à-dire à une créance. Ce droit aux services n'était donc, pour le concédant, qu'un de ces biens que les Romains de l'époque classique laissaient en dehors de la division des biens, meubles et immeubles, comme étant incorporels, et ne pouvant pas, par conséquent, être l'objet de la possession. Faut-il s'étonner qu'à une époque d'ignorance et de barbarie, on n'ait point été arrêté par ce scrupule des jurisconsultes classiques, alors que dès le dernier état du droit romain, nous avons vu des créances devenir immeubles par cela seul qu'elles naissaient à l'occasion d'un immeuble? D'ailleurs, quelle était la nature des droits du seigneur, qui représentait pour lui le droit supérieur qu'il s'était réservé sur les terres concédées? Eléments du droit de propriété, dont ils constituaient les seuls avantages, que le seigneur se maintenait, alors qu'il aliénait la jouissance, ne devaient-ils pas être immeubles, comme le droit de proprieté lui-même? Comment, dès lors, admettre, que l'on ait alors distingué entre ces droits, qui tous étaient la manifestation du droit de propriété du seigneur, et qui leur avait donné une nature différente? Ce qui avait été admis, à l'époque où la concession était viagère, le fut aussi pour le temps où elle fut perpétuelle. Il n'y avait pas dans ce fait, de la perpétuité du droit du bénéficiaire, une raison de distinguer. A l'expiration d'une concession temporaire, le seigneur devait, pour s'assurer de son nouveau vassal les mêmes services, lui faire la même concession. Ne se trouvait-il point dans la même situation, si à l'arrivée d'un événement, qui aurait dû mettre fin à son droit d'exiger ces services, il avait en face de lui un héritier du concessionnaire décédé, qui, ayant droit à la jouissance accordée à son auteur, se croyait par là même, dans la nécessité d'acquitter les charges qui incombaient à ce dernier. Il n'y avait donc pas ici une raison de traiter différemment l'ensemble des droits du seigneur suzerain. Immeubles, quand ils existent vis-à-vis du titulaire d'un droit viager à la détention de la terre, ils le sont encore quand la concession est faite à perpétuité. C'est bien ainsi qu'on le comprenait. Une phrase empruntée au *Grand Coutumier* de Charles VI, est formelle en ce sens de l'extension aux biens incorporels de la division des biens en meubles et immeubles. L'auteur de cet ouvrage, écrivant à une époque où le droit du vassal est un droit perpétuel, dit dans son chapitre « du nombre des biens » (liv. II, tit. XIV) : « Les biens immeubles sont doubles : car les uns sont corporels, les autres incorporels....., mais les biens immeubles incorporels sont servitudes perpétuelles, qui sont imposées aux biens corporels, comme cens, rentes et autres devoirs. » C'est encore ainsi qne Beaumanoir avait dit, dans son chapitre XXIII, § 3 : « Les héritages sont choses qui ne peuvent être mues, et qui valent par années au seigneur à qui elles sont, si comme terres, rentes, fours, moulins, pressoirs..., corvées, hommage. » Si ces droits étaient immobiliers pour le seigneur suzerain, ils avaient la même qualité quand ils appartenaient au vassal. A l'époque où le vassal n'avait qu'un droit d'usufruit, grevant la nue propriété de la terre à lui concédée, il possédait déjà un droit immobilier; les droits qu'il acquérait contre ceux auxquels il consentait à son tour des abandons de jouissance, prenaient dans son patrimoine la place du bien abandonné et formaient des immeubles. Il en était ainsi jusqu'au censitaire, qui recevait à son tour la jouissance d'une faible part de l'immeuble primitivement concédé par le seigneur suzerain. Pour tous ceux qui avaient sur un immeuble un droit quelconque, il y avait un immeuble dans leur patrimoine, et quand on arriva à considérer au XVIe et au XVIIe siècle le droit du concessionnaire comme le plus important, le droit du concédant comme une simple servitude à la charge des terres des vassaux et des censitaires, on devait tendre davantage à voir ici de véritables immeubles. La même terre, celle du censitaire, par exemple, donnait ainsi naissance à plusieurs droits immobiliers, constituait plusieurs immeubles au profit de divers propriétaires : le censitaire, propriétaire d'un immeuble grevé de servitudes au profit du vassal, son concédant; ce vassal, propriétaire de son fief servant, qui trouvait ce fief titulaire d'une servitude active sur le fonds du censitaire. Mais il était lui-même grevé de servitudes, au profit de son seigneur par-dessus, qui, lui-même, dépendait pour les mêmes causes du seigneur suzerain. A la différence de ce qui existait à Rome, par conséquent, où la propriété immobilière était libre entre les mains du *dominus* d'un fonds italique, la propriété foncière était dans notre ancien droit, grevée d'une foule de charges foncières, qui, existant au profit de plusieurs propriétaires, constituaient au profit de chacun d'eux des droits immobiliers, servitudes actives des terres qu'ils avaient dans leur patrimoine. C'est la féodalité qui seule avait contribué à donner à la propriété foncière cette physionomie, qui ne lui appartient à aucune autre époque du droit. Peut-être a-t-elle encore ailleurs eu de l'influence.

INFLUENCE DE LA THÉORIE DES PROPRES

Nous faisons allusion ici aux rentes foncières. Du jour où l'on admet que quand on aliène un bien incomplètement, en se réservant sur ce bien un droit supérieur, représenté par des prestations de services et de profits pécuniaires, que cette opération fait entrer dans la fortune des particuliers, comme nouvel élément immobilier, l'acquéreur devient propriétaire d'un immeuble, sous la retenue du droit immobilier, que l'aliénateur se réserve, on ne doit pas restreindre ces conséquences au cas seulement où le contrat intervient entre le suzerain et le vassal, ou le seigneur et le censitaire. On devait admettre les mêmes effets au cas où l'opération était consentie par un propriétaire au profit d'un tiers, qui acquérait la terre déjà grevée de ce droit supérieur de propriétaires antérieurs, sous la réserve d'un nouveau droit immobilier au profit du vendeur. A une époque où, à cause du peu de fréquence du commerce, l'argent était rare, l'aliénation d'un bien à prix d'argent ne pouvait pas être commune. Et cependant il devait se présenter telles circonstances où un propriétaire désirât se décharger des ennuis qu'entraîne la gérance d'un immeuble. Que cette personne trouvât un tiers désireux, au contraire, d'acquérir un immeuble; mais peu à même de payer le prix total en argent, le contrat allait-il être possible? Oui. Il suffisait pour cela de créer un contrat nouveau. Le vendeur, au lieu, comme à Rome de se dépouiller complètement de tous ses droits sur l'immeuble qu'il aliénait et de le livrer à l'acquéreur tel qu'il le détenait lui-même, avec les seules charges dont il était grevé entre ses mains, ne disposait de son bien qu'en ayant soin de se réserver sur ce bien un droit immobilier en vertu duquel il devait recevoir une quote part des fruits ou une somme, qui représentait cette quote part. Le vendeur avait à cela un avantage. Il ne touchait pas une somme d'argent, un capital, dont, à une époque où, par suite d'une fausse interprétation donnée à un texte de saint Paul : *Mutuum date nihil inde sperantes*, on prohibait le prêt à intérêt, il n'aurait pas pu tirer un profit annuel en le faisant valoir à intérêts ; mais en revanche il continuait, comme par le passé, à toucher des revenus périodiques, produits directs du fonds aliéné. L'acquéreur trouvait aussi son compte à ce marché. N'ayant point d'argent, il n'aurait pas pu acquérir d'immeuble. Il serait donc resté en dehors de ces relations qui par les terres unissaient les hommes. Ceux qui auraient pu acquérir des terres, auraient dû les payer à un taux plus élevé ; car grevées d'une charge de moins, elles auraient valu davantage et le capital nécessaire à l'acquisition eût été plus considérable, plus difficile par conséquent à amasser. Mais il est une autre cause qui à puissamment contribué à pousser à la multiplicité de ces contrats, à leur généralisation. C'est la théorie des propres. Nous avons constaté que les Barbares, arrivés en Gaule, avaient divisé leurs biens, en *bona aviatica* et en *bona acquisita* : en biens paternels et acquêts. A cette division s'attachaient déjà divers intérêts.

Des meubles, des acquêts, le propriétaire était libre de disposer : c'était son bien, sa chose, personne ne pouvait se plaindre de ses actes en cette matière. Les droits du propriétaire sur les immeubles étaient moins étendus, dès qu'il s'agissait (*de ea terra quam pater ejus sortis jure possidens dereliquit lex-Burgond.*, tit. XIV, §5) de la terre qui lui est advenue avec la succession de son père. Pour cette partie de son patrimoine, le propriétaire voit restreindre son droit de libre disposition. (*Saxon*, tit. XVII,) : *Liber homo qui sub tutela nobilis cujuslibet erat, qui jam in exilium missus est, si hereditatem suam, necessitate coactus, vendere voluerit, offerat eam primo proximo suo ; si ille emere noluerit, offerat tutori suo vel ei qui tunc erat a rege super ipsas res constitutus, est... si nec ille voluerit, vendat eam cuicumque volet* : « L'homme libre qui, contraint par la nécessité, désire vendre son immeuble (héritage), doit d'abord l'offrir à son proche parent. En cas de refus de la part de ce dernier, qu'il l'offre à son tuteur, ou à celui que le roi a établi au-dessus de ses biens ; si celui-ci refuse de le lui acheter, le propriétaire est libre de l'offrir à quiconque il voudra. » Nous avons déjà fait allusion à ce texte de la loi des Burgondes (tit. LXXXIV, § 1): *Quia cognovimus Burgundiones sortes suas nimia facilitate distrahere, hac præsenti lege credimus statuendum ut nulli vendere terram suam liceat, nisi illi qui alio loco sortem aut possessionem habet*: « Comme nous savons que les Burgondes aliènent avec une trop grande facilité leurs lots, nous décidons, par cette loi, que toute aliénation de terre sera interdite à celui qui n'a pas ailleurs un immeuble. » Du reste, si les lois des Francs sont moins précises à cet égard, il est permis de supposer que l'aliénation des immeubles n'était pas, pour eux, plus commode que pour les autres Barbares. Les fins de formules, de contrats de l'époque, donnent à cette assertion une grande vraisemblance. Si l'aliénation consentie par le propriétaire s'était imposée dans toute sa force à es héritiers, comprendrait-on que le vendeur ait besoin de les maudire pour le cas où ils méconnaîtraient sa volonté. A quoi bon les menacer de peines spirituelles pour le cas où ils feraient annuler un contrat, quand les lois civiles ne leur donnent pas ce droit. A cet égard, ce qui est bien incontestable, c'est qu'un texte du xie siècle, le statut de Burchard de l'an 1024, pose en termes formels le principe de la loi des Saxons : « Celui qui, par pauvreté, est contraint à l'aliénation de ses biens, doit d'abord en proposer l'acquisition à ses proches héritiers devant témoins. Si ceux-ci ne veulent pas acheter, le vendeur a plein droit de vendre à qui que ce soit. » Il est permis de supposer que ce texte n'avait rien de spécial et qu'il formulait un principe général. D'ailleurs, nous sommes en ce moment en pleine féodalité, et les concessions de fiefs se font déjà au profit du concessionnaire et de ses hoirs. Ces derniers ont droit à la transmission de ce bien, qui leur est garantie par plusieurs dispositions, que les premiers auteurs coutumiers nous font connaître, et qui continueront à sanctionner le droit de la famille sur les immeubles jusqu'à la Révolution. S'agit-il d'un bien meuble ou d'un immeuble conquêt, le propriétaire peut en disposer par testament. S'agit-il au contraire d'un immeuble propre, son droit de disposition ne s'applique que sur un cinquième de ce propre, et encore à la condition de ne pas laisser les dettes à la charge des héritiers aux propres: Beaumanoir (12, § 6) : « S'aucuns laisse ses meubles, ses conquès et le quint de son héritage à une persone ou à plusors, et s'il qui lais fet doit dettes ou torfès qu'il ait commandé à rendre et n'ait pas devisé ou ce sera pris, cil qui emporteront les lais n'en goiront pas s'il n'y a remanant par desor dettes et torfès paiés car male coze serait se li droit hoir de celi qui las fet, qui n'emporte que les quatre pars de l'héritage était encombré de payer dettes ou torfès. » Pierre Defontaine dit (ch. xv) : « Si le père a meubles et conquets et héritages, pour ce s'il fait legs de ses meubles et de ses conquets, ne loira-t-il mie , qu'il lègue aussi le quint de ses héritages s'il veut. Il convient entendre le quint del héritage quand les dettes sont payées..... », et (ch. xxxiii) : « Se peut-on entendre par notre usage, quand li homme n'a rien fors meubles ou conquets qu'il peut tout laisser à qui qu'il voudra par la coutume du pays. » Mais entre vifs aussi, son droit de disposition se trouve restreint par le droit que possèdent les proches parents d'exercer le retrait lignager, et de prendre pour eux l'aliénation consentie par leur lignager. C'est un droit dont les parents ne peuvent user qu'en cas d'aliénation entre vifs, et à titre onéreux d'un immeuble propre de famille. Beaumanoir (44, § 5) nous apprend que les ressources d'héritages ont lieu toutes les fois qu'un héritage n'a pas été échangé, valeur pour valeur, contre autre héritage, sans soulte de meubles. Dans ces conditions, l'acquéreur d'un bien peut craindre de voir la famille exercer le retrait, et lui enlever le bénéfice de son opération, si le vendeur a disposé de tout son immeuble ; mais il n'a point le même inconvénient à redouter du jour où l'aliénateur n'a abandonné son immeuble qu'en se réservant une rente foncière, un droit immobilier. Sa succession n'a rien perdu. Que représente en effet la rente, sinon à peu près la valeur du produit net du fonds, si ce n'est l'écart entre les frais d'exploitation et le prix de vente des produits du fonds. C'est donc bien la valeur réelle de l'immeuble aliéné qui est restée comme immeuble dans le patrimoine du vendeur; c'est donc l'échange d'un héritage contre un autre immeuble « sans nulle autre soulte de meuble ». Dès lors, le retrait n'était point à craindre, à la suite de l'aliénation d'un immeuble, sur lequel le vendeur se réservait une rente, tandis que l'acheteur aurait pu craindre de ne point rester propriétaire du fonds pour lequel il avait payé le prix fixé par le contrat. N'y avait-il point dans le patrimoine de l'aliénateur, un immeuble qui remplaçait celui vendu à charge de rente, et qui en représentait la valeur.

C'est à la fois sous ces deux influences que se forma, se développa la distinction des biens en meubles et en immeubles. C'est le besoin de donner surtout satisfaction à la seconde, qui fit maintenir aux immeubles un rôle prépondérant quand la féodalité politique, disparaissant sous l'action de la royauté, fit perdre aux fiefs une partie de leur importance, et réduisit les seigneurs à n'être plus des souverains sur l'étendue de leurs propriétés foncières.

BIENS MEUBLES ET IMMEUBLES

Du jour où la distinction des biens en meubles et immeubles joue un rôle important, on peut s'attendre à trouver dans les écrits des légistes la classification bien établie. Ce n'est point à l'époque de troubles et d'anarchie qui vit se former, la féodalité que nous pouvons demander à cet égard des règles juridiques. Ce n'est point pour cette époque que nous pouvons espérer établir d'une façon précise les termes de la distinction, pas plus qu'on ne peut en connaître les intérêts exacts. C'est seulement aux siècles suivants, que nous trouvons des écrits qui nous permettent de suivre la formation et les progrès de cette théorie. L'auteur du *Grand Coutumier* de Charles VI, Jacques d'Ableiges, pose en termes précis cette division (II, 14, *Du nombre des biens*) : « Les uns sont meubles, les autres immeubles. Les biens meubles sont comme or, argent, biens, ustensile de maison, pain, vin et autres choses, qui sont de léger muables d'un lieu en autre sans destruction d'édifice ou par dépouillement d'héritage. Les biens immeubles sont doubles, car les uns sont corporels, les autres incorporels ; les immeubles corporels sont ceux qui ne peuvent être transportés, si ce n'est par destruction d'édifice, ou par dépouillement d'héritage ; car toute chose est appelée immeuble corporel, qui est édifiée ou partie d'édifice, si comme une maison ou partie d'une maison et toute chose qui est semée ou plantée, comme blé ; pourvu toute fois qu'il ne soit mie déraciné, coupé ou cueilli et sont dites ces choses corporelles, parce que toute chose est corporelle que l'on peut palper et tenir en la main, comme sont les choses dessus dites. Mais les biens immeubles incorporels sont servitudes perpétuelles, qui sont incorporées aux biens corporels comme cens, rentes et autres devoirs. »

Beaumanoir, dont les œuvres nous seront très utiles plus tard, consacre un chapitre spécial à la division des biens en meubles et héritages. C'est le chapitre XXIII. Il dit dans son paragraphe 2 : « Meubles à parler généralement si sont toutes choses mouvables, c'est à entendre toutes choses qui peuvent être mues d'un lieu à un autre, et aucunes choses sont telles selon notre coutume, qui ne peuvent être mues devant le temps qu'elles sont mûres et si sont jugées pour meubles. » Paragraphe 3 : « Les héritages si sont choses qui ne peuvent être mues et qui valent par années au seigneur à qui elles sont, si comme terres gaignables, bois, prés, vignes, jardins, champs, rentes, forêts, moulins, pressoirs, maisons qui sont droites tant comme elles tiennent à couvert, yaues. usages, mais qu'ils soient tenus du seigneur, corvées, hommages, toutes des choses sont héritages. » Le fait seul que ces deux auteurs jugent à propos d'entrer, en cette matière, dans ces détails, montre l'importance qu'il y avait à distinguer les meubles des immeubles. Pour connaître les intérêts de la division, c'est à Beaumanoir qu'il faut surtout les demander. Aussi comme il reconnaît qu'il y a là une question importante, Beaumanoir essaye de nous donner un critérium à l'aide duquel on pourra déterminer la nature meuble ou immeuble du bien (22, § 3) : « Les héritages sont choses qui valent par année au seigneur à qui il sont, comme terre, bois, prés, vignes ; » et, paragraphe 7 : « On ne doit tenir à héritage nulle chose qui meurt, car qui meurt faut, et héritage ne peut faillir. » Ainsi voilà les caractères que doivent présenter les biens pour être héritages ; mais cela suffit, paraît-il, car Beaumanoir n'essaye pas autrement de définir l'immeuble.

A la seule lecture de ces phrases, on comprend tout de suite la haute idée d'importance qui s'attachait alors aux immeubles. L'immeuble, l'héritage est tout bien qui présente de grands éléments de stabilité, une durée perpétuelle, des revenus périodiques. C'est là un critérium qui aurait à lui seul permis, si les servitudes ou « services incorporels » n'avaient pas été des dépendances de la terre, du domaine direct du seigneur, de faire de ces biens des immeubles. En effet ils présentaient les caractères exigés par Beaumanoir : ils étaient perpétuels, puisqu'ils représentaient le droit du seigneur concédant ; ils produisaient des revenus périodiques, puisque à chaque mutation de vassal, les seigneurs avaient pris l'habitude d'exiger le payement de droits casuels, variables d'après la valeur du bien, comme prix de leur adhésion à la mutation. En outre, les droits de justice faisaient gagner au seigneur les amendes ; les moulins ou banalités valaient au seigneur le payement des sommes représentatives de la valeur du service rendu ; les perceptions de droits de douane et de marché ne constituaient-elles pas aussi un profit périodique? Ces services constituaient donc bien véritablement aussi un élément stable de la fortune du seigneur et auraient de ce chef dû pénétrer dans la classe des héritages s'ils n'y avaient déjà été à un autre titre, puisque le plus souvent ils faisaient corps avec la terre du fief dominant et n'en étaient que rarement séparés. Comme cependant la chose était possible ces droits gardaient leur caractère immobilier pour ces mêmes raisons.

C'est aussi à ce titre de biens présentant de grands éléments de stabilité, une durée perpétuelle, des revenus périodiques, que les rentes foncières, si elles n'avaient déjà été immeubles, comme droit retenu sur un immeuble au moment de l'aliénation, auraient été rangées dans la catégorie des immeubles. Cette assertion est corroborée, par la solution admise dans l'ancien droit, à l'égard des rentes constituées. Un propriétaire foncier pouvait avoir besoin d'argent ; il ne lui était guère facile de trouver un prêteur à une époque où il n'était pas licite au prêteur de se faire indemniser de la privation de la jouissance de son argent, par le payement d'intérêts. Son immeuble, s'il eût pu emprunter, eût été affecté au remboursement de la somme avancée : ne pouvait-il pas lui servir autrement. Il rapportait des fruits ; au lieu de vendre son immeuble, le propriétaire pouvait vendre une partie de ses produits, moyennant une somme payée en une seule fois. C'est-à-dire qu'il pouvait offrir, moyennant argent, ce qu'un vendeur d'immeuble à charge de rente retenait sur le fonds qu'il aliénait. Pour que cela lui fût possible, il suffisait qu'il trouvât un capitaliste désireux d'acquérir un immeuble, sans avoir les ennuis de la gestion. Q'eût dû faire ce dernier ? Acheter un immeuble et le revendre à rente ? L'opération valait mieux quand elle était simple. Il paraît que, une fois trouvé, ce procédé fut accueilli avec faveur ; car on vit apparaître de nombreuses rentes foncières, *census consignativus* : le nom de *census reservativus* étant donné à la rente retenue. Il vint même un moment où l'on permit à un homme qui n'avait pas d'immeuble de vendre une rente constituée. Le droit romain avait permis de ramener l'opération à l'aliénation d'un capital mobilier, au profit d'un acquéreur qui s'obligeait à fournir, comme prix, des prestations périodiques, et qui donnait, comme garantie du payement de sa dette, une hypothèque sur un immeuble. N'était-ce pas là d'ailleurs, en admettant l'idée du droit personnel, un moyen d'échapper aux droits de mutation, dû au seigneur pour la constitution et le rachat de la rente constituée? Il est vrai que, dans ce cas, on se heurtait au droit canonique, qui interdisait le prêt à intérêt. Les bulles pontificales de 1445 et 1569 entre autres, permettaient la vente de la rente constituée, mais renforçaient la défense du prêt à intérêt. L'influence des nécessités de la pratique fut plus forte, et l'on admit qu'une rente constituée pourrait naître, alors même qu'aucun immeuble n'aurait été spécialement affecté à son service, et l'on répondit victorieusement aux canonistes en leur objectant que la dernière bulle, la plus comminatoire, n'ayant point été reçue en France, n'était point obligatoire. (Loiseau, *Déguerpissement*, ch. VIII, IX.)

Quelle allait être la nature de ce nouveau bien? Né de la rente foncière, tant qu'il vécut à côté d'elle, sous son couvert, il était immeuble comme elle. Désormais il a une nature différente. C'est, tout le monde le reconnaît, une créance de somme d'argent garantie par une hypothèque sur immeuble. Que faut-il décider ? Fallait-il en faire un meuble? C'eût été conforme aux règles que posait Dumoulin, pour aider à la détermination de la nature des obligations, et des actions : *Actio quæ tendit ad mobile, mobilis est, quæ tendit ad immobile, immobilis est.* A quoi tend la rente constituée ? A des prestations d'argent ou de deniers, c'est-à-dire à des meubles ; et cependant Dumoulin lui-même contribua à les faire considérer comme immeubles. L'origine de la rente était en ce sens ; mais surtout il y avait en elle un bien qui réunissait les caractères qui, d'après Beaumanoir, font reconnaître un immeuble. (Beaumanoir, 23, § 3) : « Les héritages sont choses qui valent par années au seigneur à qui ils sont, comme terres, bois, vignes ; » paragraphe 8 : « On ne doit tenir à héritage, nulle chose qui meurt ; car qui meurt faut, et héritage ne peut faillir. » Pour Dumoulin, la rente ne devait pas être confondue avec les prestations auxquelles elle donne droit. Elle a un être distinct de ses produits. Elle forme un bien perpétuel ; car le rachat de la rente contituée, toujours possible, peut seul mettre fin à son existence ; mais elle ne disparaît pas alors complètement ; car il y a dans le patrimoine de l'ancien crédit rentier un équivalent de sa valeur. Cet être perpétuel donne des produits périodiques, toujours les mêmes, sans que sa nature en soit altérée. Ce sont bien là les caractères que désire, chez les immeubles, Beaumanoir. Ce n'est point en vain que Dumoulin donna cette solution : trop d'intérêts de famille s'agitaient derrière la question de savoir dans quelle classe de biens les rentes constituées seraient rangées. Aussi, alors qu'à la première rédaction, la *Coutume de Paris* ne contient rien à l'égard des rentes constituées, encore confondues avec les rentes foncières, la seconde *Coutume de Paris* tient compte de ce fait que la rente constituée s'est transformée, et qu'elle est devenue essentiellement rachetable. Elle donne raison à Dumoulin, et sanctionne son opinion, en la déclarant immeuble dans les articles 99 et suivants.

Ce que Dumoulin avait exposé et fait admettre, pour la rente constituée, les raisons qu'il donnait pour en faire un immeuble devaient conduire à une autre extension du nombre des biens immobiliers. Du jour où les offices devinrent héréditaires, un nouvel élément de richesse entra dans le patrimoine de quelques particuliers. L'office était, d'après Loyseau, le droit d'exercer une fonction publique par délégation à vie irrévocablement. Il y avait là un bien important qui assurait des profits pécuniaires au titulaire. Comment fallait-il le considérer? Ce ne fut guère qu'après la mort de Dumoulin que la question se posa, importante en pratique, de savoir, comment on allait traiter ces biens. Meubles, ils étaient à la presque entière disposition du propriétaire; immeubles, ils appartenaient à la famille, pour lesquelles ils formaient des propres, à laquelle ils étaient garantis par les retraits, la réserve des 4/5 ; ils pouvaient être hypothéqués. Mais pour leur donner ce caractère, il fallait apporter des raisons d'autant meilleures que l'on ne pouvait pas invoquer en faveur de cette solution l'origine immobilière de ce droit de création nouvelle. C'est alors qu'on utilisa les arguments de Dumoulin et de Beaumanoir. Il ne fallait pas s'attacher aux produits des offices pour fixer la nature du droit ; car, comme la rente constituée, l'office a un être distinct de ses revenus, comme elle, c'est un être perpétuel qui produit des revenus périodiques; comme pour la rente, ce droit ne disparaissait qu'à la condition d'être remplacé dans le patrimoine par une somme d'argent, représentative de la finance. C'est pour ces raisons qu'on arriva à faire de l'office un immeuble, et un édit de 1683 approuva cette décision qui, due à la pratique, n'avait pu être insérée dans le texte de la *Coutume ;* l'apparition des offices étant de date trop récente pour que la question se posât à leur égard, Loyseau avait essayé de combattre cette décision. Pour lui, l'office était un bien d'une nature spéciale, ni meuble, ni immeuble, il reconnaissait que l'office devait constituer un bien important, qu'il devait à ce titre être entouré de certaines règles protectrices ; mais il croyait que l'on pouvait donner satisfaction aux besoins des familles, sans faire de ce bien un immeuble. Il est à noter que tout en donnant à l'office le caractère de bien immobilier, on ne l'assujettit pas à toutes les règles spéciales aux immeubles. C'est ainsi que l'office ne put jamais être l'objet du retrait lignager, et que l'hypothèque qui put porter sur l'office, ne conférait que le droit de préférence sur le prix de la finance. C'est que l'acquéreur de la finance ne devenait titulaire absolu du droit, qu'avec l'octroi de lettres royales et que pour les obtenir, il fallait être apte à remplir les charges de l'office. La personne du titulaire importait beaucoup, il ne fallait donc pas traiter ce bien comme un autre immeuble. Dans ces deux nouvelles extensions du nombre des biens immobiliers, le but qu'on visait était la protection de la famille.

Y avait-il des immeubles par destination?

Il faut cependant ajouter qu'il y a des immeubles, en dehors des biens, qui présentaient les caractères dont parle Beaumanoir : stabilité, perpétuité. Ce sont des immeubles qui ne répondent à aucun de ses désirs, ce sont ceux que dans une étude précédente nous avons appelés : des immeubles par destination. C'est Jacques d'Ableiges qui nous donne les premiers éléments de cette théorie, mais en lui laissant un caractère tout local. Certaines coutumes, nous apprend-il (ch. xx, *de la division des meubles et héritages*) considèrent comme immeubles des objets meubles qui sont attachés par clous et chevilles aux édifices et ne peuvent en être séparés sans fracture: « Il est à savoir que par les coutumes d'aucuns lieux, tout ce qui est dans pressoir, qui n'est encloué en terre, maison, sur le seuil, toutes manières de conquets sont réputés meubles. Tout ce qui tient à clou et chevilles, grandes pierres tenant encore aux pierres des murs, qui sont issues de l'héritage d'aucun par exécution, tout ce qui est héritage. » Il en est de même des poissons des étangs qui entourent les forteresses. C'est encore Bouteiller, qui, dans le titre LXXIV de la *Somme rurale*, nous apprend, que l'artillerie des forteresses est immeuble. Il y a là une dérogation ; mais on en voit tout de suite l'utilité. Ces éléments de l'immeuble lui sont indispensables, les en séparer, c'est le détériorer, c'est faire une fracture ; enlever les autres, c'est priver le château de ses moyens de défense. Il y a dans ces exemples un point de départ ; mais nous ne pouvons pas pour cette théorie constater les mêmes progrès qu'en certaines autres matières. Nous pouvons citer d'autres nouveaux cas d'application de ce principe ; mais aucun résultat vraiment général. Sans doute les rédacteurs de l'ancienne Encyclopédie affirment que dans quelques provinces, les bestiaux étaient déclarés immeubles comme dépendances du fonds ; mais ils ne disent pas quelles sont les Coutumes qui admettent cette décision. Ce que nous trouvons de certain, c'est qu'en 1367 Charles V rendit une ordonnance générale, s'appliquant à toute la France, qui tendait à faire donner ce caractère aux bestiaux. Il décide que l'on ne pourra pas saisir les bestiaux des immeubles ruraux, tant qu'il y aura d'autres meubles appartenant au débiteur, et que les créanciers pourront saisir. Ce n'est certes pas là une véritable immobilisation ; mais c'est déjà une tentative remarquable, faite dans le sens de la séparation de ces meubles et des autres meubles. On n'ose pas lier les bestiaux complètement aux immeubles, mais on veut qu'ils ne puissent en être séparés qu'à la dernière extrémité ; car un fonds sans bestiaux est bien près d'être sans valeur. Plus tard, un autre acte royal de 1483, qui ne faisait que renouveler un édit de 1319, alla plus loin. C'est l'ordonnance de Charles VIII. Il est vrai qu'elle n'avait qu'une portée restreinte, elle ne s'appliquait qu'au Languedoc, comme celle de 1319. Elle défend de saisir les bestiaux et ustensiles de terres nobles. C'était là une décision trop spéciale, quant au pays et quant aux objets eux-mêmes de l'immobilisation, pour constituer un progrès sensible. Les Coutumes n'allèrent pas plus loin que n'était allé Bouteiller, quand, dans le titre LXXIV (des meubles, cateux et héritages) il considère comme immeubles les dépendances des châteaux et maisons : « Tout ce qui est dedans les murs d'une forteresse, ou de la motte appartient à la maison ou motte d'icelle. » C'est uniquement dans la catégorie des biens, qui servent à compléter la destination de la maison, que l'on trouve des meubles perdant leur caractère, leur individualité. C'est à ce titre qu'ils deviennent immeubles. Toutefois, il est bon de noter que Guy-Coquille, dans ses *Institutions au droit français*, déclare, dans le titre où il examine quelles choses sont meubles, conquêts et propres, que sont immeubles par destination, l'artillerie des châteaux, et les biens mis à perpétuelle demeure. Il ajoute : « Ainsi se dit par argument plus fort des serfs destinés à un domaine des champs. » Nous nous trouverions ici en présence d'une application générale de la théorie. Est-il besoin de parler des articles 91 et 92 de la *Coutume de Paris*, qui déclarent immeubles par nature les poissons qui sont en étang ou en fossé. (Renusson, *Traité des propres*, ch. v, sect. I, p. 4.) Le premier acte législatif à portée générale fut l'ordonnance de 1747 sur les substitutions qui, dans son titre I, article 6, dit formellement, après avoir enjoint au grevé de substitution de vendre les meubles pour faire emploi du prix : « N'entendons comprendre dans la disposition desdits précédents les bestiaux et ustensiles servant à faire valoir les terres, lesquels seront censés compris dans les substitutions desdites terres, sans distinction entre les dispositions universelles et particulières, et le grevé de substitution ne sera point tenu de les vendre et de faire emploi. » C'était là la reconnaissance formelle de ce fait, que priver une exploitation de ses ustensiles, c'est lui enlever tout moyen de rester productive. Quoi qu'il en soit, nous devons constater que cette application de l'immobilisation aux meubles ne fit pas d'autre progrès. Pothier, dans son *Traité de la communauté* (§ 43 et 44), regrette bien amèrement les conséquences déplorables auxquelles conduit en matière de dévolution de biens une législation qui ne donne pas aux animaux de culture et aux ustensiles aratoires la nature juridique des choses qu'ils ont pour but de mettre en valeur. Quelle que soit l'étendue de ses regrets, il n'est point assez novateur pour essayer de soutenir une théorie qui donnerait satisfaction aux intérêts lésés. Aussi conclut-il qu'il faut appliquer aux bestiaux et aux ustensiles toutes les règles des meubles, tandis que les immeubles auxquels ils sont affectés formeront des propres de communauté et de succession, et il se voit obligé d'exposer que ces différentes classes de biens iront souvent à des personnes distinctes et perdront par cela seul, du jour au lendemain, une partie de leur valeur.

INTÉRÊTS DE LA DISTINCTION EN MEUBLES ET IMMEUBLES

La première période de la féodalité ne nous fournit pas beaucoup de renseignements. Ce n'est guère qu'au XIIIe siècle que nous trouvons les documents nécessaires. A cette époque Beaumanoir nous est un guide précieux.

Le premier intérêt de la distinction qu'il cite et qu'il indique lui-même, comme très important, est le suivant. C'est un intérêt de compétence. Celui qui vient introduire une instance judiciaire, a grand intérêt à connaître la juridiction devant laquelle il doit agir, s'il ne veut pas voir repousser sa demande. « En matière de meubles, est compétent le seigneur dessus lequel est couchant et levant le débiteur. En matière d'héritage d'immeuble, est compétent le seigneur du lieu où est situé le bien. » (Beaumanoir, ch. vi, § 18.) « Si nous devons savoir, que par coustume générale et de droit commun les demandes qui touquent le corps pour meubles ou par catix doivent être demandés par devant le seigneur de soz qui cil sont couquant et levant et a qui on demande..., mais de ples d'héritage il n'est pas doute que le demande n'en doie estre fete par devant le seigneur de qui li héritage muet ou que on couque ne liève si comme nous avons dit dessus; » et, paragraphe 23 : « Le reson pourquoi noz avons dite ceste division si est tele. Selonc nostre coutume les demandes qui sont personix tant solement doivent estre demandées par devant le seigneur de soz les quix le deffendeur sont couquant et levant et les demandes qui sont réeles doivent estre demandées par devant les seigneurs desquix li heritage sont tenu. Si est bon c'on sace, quant on veut fere demande à quel seigneur on en doit traire. » Il est vrai que Beaumanoir, dans ce chapitre, n'emploie pas que ces expressions : matière de meuble et matière d'héritage, il dit matière réelle ou d'héritage et matière personnelle : paragraphe 32 : « Les demandes réèles sont quant on demande héritage, terres, bois, prés, vingnes, yaues, justice, segnories, molins, fous, maisons, chans, rentes, ou autres causes, qui sont tenues por héritages. » « Les demandes personix sont qui touquent le persone, si comme convenences, acas, vente, vilonie fête, obligations. » Cette erreur qui consiste à confondre le droit réel et le droit immobilier, Beaumanoir n'est pas le seul à la commettre. Jacques d'Ableiges (II, § 12) dit formellement : « Action personnelle compète pour raison de meuble ou de maléfice, par quoi personne peut être de foi obligée. » « L'action réelle compète pour raison d'héritage et de fonds et poursuivant telles actions les causes à elle pareilles ; car pour raison de ce ne sont pas de foi les persones obligées. » Cet intérêt de compétence était bien puissant dans un temps où le droit variait avec chaque seigneurie. La rédaction des Coutumes ne le fera pas disparaître, et c'est seulement avec l'apparition du Code civil, qui établit l'uniformité de loi, que le plaideur sera sûr de se voir appliquer le même droit par les tribunaux quels qu'ils soient. Mais de nos jours n'existe-t-il point un intérêt au point de vue de la compétence à savoir si un bien est meuble ou immeuble, et qui déjà est signalé par Beaumanoir ? Si, c'est celui de savoir si l'on plaidera devant le tribunal du défendeur ou celui de la situation du bien. C'est qu'en effet les immeubles seuls sont capables d'avoir une assiette fixe, indépendante de la personne du propriétaire, tandis que les meubles sont réputés être au domicile du propriétaire. Charondas le Caron, *Comment. de la Cout. de Paris*, 88 : « Les meubles suivent le domicile, n'étant réputé avoir assiette... et les immeubles ont assiette étant réglés par les coutumes des lieux où ils sont assis et situés. » Mais à cet égard Charondas le Caron donne à la distinction un plus grand intérêt. Ce n'est plus seulement au point de vue de la compétence, c'est en ce qui concerne l'ensemble des règles de droit, que les meubles n'ont pas d'assiette et suivent le domicile, tandis que les immeubles sont réglés par les coutumes des lieux où ils sont assis et situés. » « C'est-à-dire qu'ils (les meubles) ne sont (pas) réglés selon les diverses coutumes des lieux où on les tient, ainsi selon la coutume du lieu où est la personne demeurante. »

Une autre cause de différence consiste en ce fait, que la propriété n'a pas toujours été dans notre ancien droit aussi énergiquement sanctionnée, quand elle portait sur un meuble que lorsqu'elle portait sur un immeuble. Cette cause de différence remonte à notre très ancien droit français. Les Francs n'admettaient pas la revendication des meubles, tandis qu'ils reconnaissaient au propriétaire le droit de revendiquer son immeuble. Dépouillé de la possession de son meuble, le propriétaire avait deux voies ouvertes devant lui : une action civile, ou une action pénale. Avait-il à la suite d'un contrat remis son meuble à un tiers, il ne pouvait se le faire restituer qu'en apportant la preuve du contrat intervenu et en forçant son cocontractant à acquitter l'obligation de restituer à sa charge. Dans ce cas, le propriétaire n'a donc qu'une action personnelle née d'un contrat solennel (*ex fide facta*), ou réel consensuel (*ex re præstita*. Est-ce au contraire sans son fait, que le meuble lui a été enlevé, lui a-t-il été volé, a-t-il été perdu, le propriétaire qui l'a cherché et a trouvé, celui qui le détient doit convaincre ce dernier de vol et le faire condamner à une amende et à la restitution de l'objet. Vainement le détenteur allègue-t-il qu'il a ramassé un objet sans maître, il sera condamné comme voleur s'il ne prouve pas qu'il a pris comme témoins ses voisins, au moment où il a trouvé l'objet. Mais on ne voit nulle part trace que le propriétaire triomphe par cela seul qu'il établit sa propriété sur l'objet. Ce droit subsistat-il longtemps ? On peut hésiter à dire qu'il était encore en vigueur du temps de Beaumanoir (ch. VI, § 3, *in fine*). « Et puis doit dire raison pourquoy il le doit avoir si comme se li droit lui est descendu ou déchu de côté ou par acas, ou par temps, ou par autre cause renable. » Un point bien acquis, c'est que, sous l'influence du droit romain, au siècle suivant, la revendication mobilière était admise avec les caractères qu'elle avait à Rome (*Somme rurale*, l. I, ch. XLIII). C'est-à-dire que le propriétaire peut forcer un tiers acheteur de bonne foi à lui restituer son meuble, tant que celui-ci ne pourra pas invoquer l'usucapion. Comme le droit romain, le droit coutumier admet que le vol rend le meuble imprescriptible, et il se montre large dans l'interprétation du fait délictueux. Toutefois, si le droit romain fit admettre la revendication des meubles, il ne fit pas pénétrer l'interdit *utrubi*, le débat au possessoire. Déjà Beaumanoir relevait à cet égard une différence entre le meuble et l'immeuble, en ce sens que ce dernier seul peut faire l'objet d'une demande au possessoire, tandis que cela est impossible pour le meuble (ch. VI, § 4) : « Aucuns à qui ont métier de former leur demande sur saisine d'héritage tant solement en tel manière qu'il ne touquent de rien en leur demande la propriété parce que s'ils touchaient la propriété en leur demande leur ples serait demené selon la propriété. » L'auteur du *Grand coutumier* (II, 18), nous dit de son côté : « Nota qu'en cas de revendication ou l'on fait demande d'héritage ou de meubles, si l'on fait demande d'héritage, le possédant ne doit point être désappointé de sa possession, au commencement ni pendant le plaid, mais si on revendique ou fait demande de meuble, en ce cas le demandeur dès le commencement du plaid, peut par la justice du lieu, faire mettre la chose en la main du roi et ycelle arrêter en la possession de celui qui l'a et par la main de justice la faire mettre en main séquestre et sûre, jusqu'à ce qu'il soit venu en jugement. » Ce passage de Jacques d'Ableiges nous indique formellement que le triomphe du droit romain ne fut que partiel puisqu'il ne s'étendit pas au débat possessoire. Il est non moins formel en son paragraphe 18. Il est vrai qu'en même temps, il nous donne la raison de cette particularité en la rattachant à l'ancienne pratique du droit germanique, dont on trouve ici la survivance malgré l'autorité du droit romain. C'est qu'elle lui est préférable en ce qu'elle laisse égale la situation des parties et qu'elle donne au gagnant une plus grande certitude d'obtenir une chose que le tiers séquestre n'a aucun intérêt à cacher. C'est seulement en matière d'universalité des meubles que le débat au possessoire est ouvert. Beaumanoir (12, § 2). « Jehan requérait à la justice qu'elle le meist en saizine de meubles, des conquets et du quint de l'héritage qui fut Thomas, par la raison de che que li dit Thomas avait fet de li en sa dernière volonté son exécuiteur. » Pour un meuble corps certain, ce débat était inutile avec l'ancienne procédure de l'entiercement, souvenir du droit germanique, en vertu de laquelle un tiers étranger au litige était le séquestre du bien. L'interdit *utrubi* n'avait aucune raison d'être. Cette vieille procédure de l'entiercement, dont nous trouvons des traces dans l'article 97 de la première *Coutume de Paris*, disparut peu à peu, sauf du texte de la *Coutume d'Orléans*, où elle continua à être l'objet d'un titre spécial, (*procédure d'entiercement*). Elle forme les articles 372 à 80 de la première et 399 de la seconde rédaction. Si des autres Coutumes elle disparut sans être remplacée, c'est qu'au même moment l'on considérait les meubles comme de trop peu de valeur. Comme en matière de revendication de meubles, de prescription, on appliquait le droit romain, les Coutumes gardèrent pour la plupart le silence à cet égord. Cependant à partir de la rédaction des Coutumes, le droit romain perdit son rôle prépondérant, il ne valut plus que comme raison écrite, on pouvait donc user avec lui d'une grande liberté. On avait d'abord admis la prescription de trois ans comme à Rome, vers la fin du XVIIe siècle, on tendait vers la prescription trentenaire. A la fin de l'ancien droit, deux systèmes étaient en présence. Celui qu'expose Pothier s'écarte du droit romain dans les solutions auxquelles conduit ce dernier quand elles sont contraires à la raison. C'est ainsi qu'il n'admet pas que le vol puisse rendre un meuble imprescriptible. Pendant trois ans le propriétaire pourra revendiquer contre un possesseur de bonne foi, pendant trente ans il pourra agir contre un détenteur qui ne peut invoquer sa bonne foi. Comment le propriétaire et le tiers feront-ils la preuve de leur prétention? qui doit prouver quelque chose? c'est là une question importante depuis l'ordonnance de Moulins, attendu que celui qui apporte en justice la preuve de l'existence d'un droit en sa faveur ne peut faire sa preuve que par écrit dès que la valeur de l'objet est supérieure à cent francs. Pothier, devant l'impossibilité dans laquelle se trouverait le possesseur, de prouver par écrit qu'il a acheté réellement le meuble litigieux, car il n'est dans la pratique d'aucune époque de rédiger un écrit pour les actes de ce genre, décidait que le possesseur serait cru sur sa seule affirmation, sauf au propriétaire à faire la preuve du contraire. Il attache ainsi la présomption de propriété au seul fait de la pos-

session. Bourjon expose un autre système, qui était celui du Chatelet de Paris. Les meubles n'ont pas de suite par revendication, la possession vaut à elle seule titre de propriété, non plus seulement présomption, comme le veut Pothier, mais titre irrévocable. C'est donc là le retour à l'ancien droit. Bourjon ne paraît pas le savoir, car il n'en parle pas, alors qu'il essaye de justifier cette solution. La raison qu'il donne, c'est l'absence de titre écrit constatant la vente en matière mobilière et les besoins du commerce. A ce principe général la Coutume obligeait à apporter des exceptions (170-71 et 176), en faveur du locateur et du vendeur de meubles sans terme. Bourjon en admettait une troisième, qu'il trouvait légitime et fondée en raison. Le vol ne doit pas être un moyen de dépouiller un propriétaire et de transférer la propriété. L'objet volé ne sera jamais la propriété d'un autre, si la victime du vol a pris la précaution de déposer une plainte, de faire constater le délit et reconnaître la réalité du fait qui lui cause préjudice. Le vol seul produit cet effet et Bourjon refuse cet avantage au déposant, qui, ayant mal placé sa confiance, a été victime d'un abus de confiance (Bourjon, l. II, tit. I, ch. VI). Il y a de ce chef une différence importante entre la propriété mobilière et la propriété immobilière. Tandis que pour les meubles il n'y a pas de débat au possessoire, que le Châtelet n'admet pas la revendication, les immeubles peuvent être l'objet d'une demande au possessoire et au pétitoire.

Un autre intérêt de la distinction se présente ainsi en matière d'hypothèque. L'hypothèque ne paraît pas avoir été connue dans notre très ancien droit sous ce nom. Beaumanoir n'emploie pas une seule fois ce terme : ce n'est que dans les écrits postérieurs qu'on le trouve.

Était-elle connue dans ses effets ? la question est plus difficile à résoudre. Quoi qu'il en soit, on peut se ranger à l'avis de Basnage : « L'hypothèque est constituée, non seulement lorsqu'il y a stipulation expresse, mais même quoiqu'il n'en soit rien dit. C'est un usage général et certain, que toute obligation reconnue emporte hypothèque, sans autre stipulation, suivant cet ancien proverbe : « Qui s'oblige, oblige le sien. » (Basnage, *Traité des hypothèques*, p. 30.) On voit tout de suite la différence entre l'hypothèque du XIVe siècle et celle des Romains. A Rome, c'était l'affectation spéciale d'un ou de plusieurs biens, à l'acquittement d'une obligation, chez nous l'hypothèque est la conséquence même de l'obligation contractée. C'est un moyen plus énergique de sanctionner le droit de gage général du créancier, avec cette différence qu'il est sanctionné avec plus ou moins de force, suivant la date de la naissance de la créance. Loyseau admet la même origine : « En tous contrats, par un stile des notaires, on s'est accoutumé d'insérer la clause d'obligation de tous les biens, et on a enfin tenu pour règle que tous les contrats portaient hypothèque sur les biens comme ceste clause etant sous-entendue, si elle avait été obmise. » (*Déguerpissement* III, ch. I, n° 5.) (Voir le remarquable travail de M. Esmein : *Contrats dans le très ancien droit français*, IIIe partie.) Si l'hypothèque naquit à un moment comme conséquence des actes authentiques, avec le caractère de généralité, on voit tout de suite quelle gêne en serait résultée pour les acquéreurs de meubles qui n'auraient jamais pu acheter un meuble libre d'hypothèques et qui auraient de ce chef été exposés à des actions de la part des créanciers des précédents vendeurs. Aussi vit-on tout de suite des résistances se produire contre l'admission du droit de suite en matière mobilière. Cette considération ne pouvait faire repousser l'hypothèque sur les immeubles, car outre qu'il était plus facile de connaître les précédents propriétaires du chef de qui des charges pouvaient peser sur l'immeuble, on ne voyait pas avec de bien vifs regrets apporter une nouvelle entrave à l'aliénation de ces biens. Pour les meubles c'était autre chose.

C'est ainsi que l'on voit tout de suite Jean Desmares (10) invoquer l'adage : « Meuble n'a pas de suite, » pour restreindre au seul droit de préférence l'hypothèque sur meubles. (Masuer, *Pratique*, tit. XXX) :

« Au reste, les meubles qui ont été vendus par le débiteur, ne peuvent être pris par exécution, parce que biens meubles ne sont sujets à hypothèque, et c'est ce qu'on dict en France, que meuble n'a point de suite. » Avec le droit de préférence, l'hypothèque sur meubles constituait déjà un grand avantage. Le créancier, au cas où on faisait vendre le meuble, trouvait à exercer son droit sur le prix obtenu. Ce ne fut là qu'un droit transitoire. La seconde *Coutume de Paris* fit disparaître cette application du droit romain, dans ses articles 160 à 180, dans lesquels elle décide comment le prix des meubles se distribuera par contribution. On revint ainsi pour les meubles à l'ancien droit français. Ce fut là l'œuvre des auteurs du XVIe siècle, qui comprenaient que le créancier pouvait être trop facilement victime de la fraude du débiteur. L'hypothèque sur immeubles continuait à donner droit de suite et droit de préférence.

En matière de succession, les points de différence pratique sont nombreux. A Rome, quelle que fût la composition du patrimoine du *de cujus*, sa succession était une ; il n'y avait qu'une hérédité, on ne comprenait pas qu'il en pût être autrement. Il en était différemment en droit coutumier. On arrive à considérer les biens d'une succession comme formant des masses tellement distinctes que le plus souvent, c'étaient des héritiers à vocations différentes qui les recueillaient. Un héritier qui avait vocation pour recueillir une masse de biens n'avait pas le droit de prendre les autres, auxquelles il n'était pas appelé, alors même qu'aucun parent ne recueillait : le seigneur prenait ces biens par droit de déshérence. La rédaction des Coutumes fit disparaître cette règle, qui n'existait plus après que dans le Maine et l'Anjou. N'avait-on pas longtemps admis que le successeur aux meubles et conquêts devait payer les dettes, et que cette charge ne pouvait porter que subsidiairement sur les autres héritiers. (Beaumanoir, ch. vi, § 6.) L'influence du droit romain fit modifier cette manière de voir, et admettre le partage des dettes entre chaque masse, proportionnellement aux biens. A quelles causes attribuer cette multiplicité de successions?

Déjà pour l'époque germanique, nous avons trouvé que les biens étaient divisés en deux masses : les *bona aviatica* et les *acquisita*. Ces deux catégories de biens n'étaient pas dévolues aux mêmes personnes. Le régime féodal a contribué puissamment à créer cette particularité de notre ancien droit, car il a donné naissance à une classe de biens qui n'entraient dans le patrimoine que sous certaines charges. Si le fief est le prix des services que s'engage à fournir le concessionnaire, il est évident qu'il ne peut passer qu'à une personne capable de les rendre. A l'époque de la constitution, l'obligation du service militaire était la plus importante : il fallait donc de toute nécessité, que l'héritier présomptif du titulaire fût en état de porter les armes. Les mâles seuls devaient donc hériter. Il n'y avait dans ce fait rien de contraire aux traditions germaniques, puisque les mâles seuls succédaient aux *bona paterna*. Mais tous les mâles ne pouvaient pas être au même titre aptes au service militaire, aussi voyons-nous apparaître une règle : *Feudum non ascendit*, dont l'unique raison d'être est d'exclure de la succession au fief et de l'obligation au service militaire l'ascendant du concessionnaire, probablement peu en état d'acquitter cette charge. Ces règles n'étaient point restées spéciales aux fiefs, de même qu'avec la diminution du rôle de la féodalité, l'on avait apporté des atténuations aux règles de la succession aux biens nobles, on avait étendu aux autres immeubles des règles nées pour les besoins du fief. Les filles avaient été admises à succéder aux fiefs, avec cette réserve toutefois, qu'à égalité de degré, elles étaient primées par les mâles. La règle : « Fiefs ne remontent pas, » était devenue : « Propres ne remontent pas. » Le seigneur concédant un fief à perpétuité au concessionnaire et à ses hoirs, avait créé, au profit des enfants du vassal, un droit qui étant le même dans toutes les concessions, donna naissance à la formule : « *Paterna, paternis*, » qui fut étendue aux immeubles non féodaux, En résumé, pour les fiefs et les propres non féodaux, quoiqu'il y eût en principe deux successions spéciales, si l'on va au fond des choses, on doit constater que les différences tenaient surtout à ces faits : que l'aîné des enfants avait sur les fiefs droit à une part avantageuse comme droit d'aînesse, et que les femmes à égalité de degré, étaient exclues par les mâles de la succession aux fiefs.

C'est donc bien plutôt non entre les meubles et les immeubles que la différence existe, mais entre les propres et les meubles et acquêts. Un propre, c'est un bien de famille, c'est un immeuble advenu dans le patrimoine par succession, ou par donation d'ascendant. Ces biens, en vertu des règles : « Propres ne remontent pas, » *paterna, paternis*, étaient soumis à un mode spécial de dévolution. Il faut noter qu'à la seconde rédaction de la *Coutume de Paris* (312, 313, 315), l'une de ces règles disparaît. L'ascendant donateur peut recueillir le bien par lui donné, il peut aussi prendre dans la succession de son petit-fils un bien que son fils avait acquis. Avec ces deux exceptions, la règle ne tombait-elle pas complètement? La seconde règle *paterna, paternis*, devait avoir une plus longue durée. C'est qu'elle constituait véritablement la partie la plus importante de la succession aux propres. C'était comme sanction de cette règle que le retrait lignager trouvait place dans la Coutume. C'était aussi pour la faire respecter que l'on entourait de faveurs la réserve des quatre quints des propres. Il y avait dans ces deux procédés des garanties qui assuraient à la famille la conservation des immeubles. Pour les meubles, au contraire, la famille était en principe désarmée contre les actes de disposition du propriétaire; n'était-il pas admis qu'ils étaient des biens de peu d'importance? A leur égard cependant, on avait fait admettre au profit des enfants, une règle protectrice : la légitime. Comme à Rome, accordée aux enfants, elle frappait tous les biens meubles et immeubles. Toutefois, elle ne pouvait se cumuler avec la réserve des quatre quints des propres, à moins toutefois que la réserve ne procurât pas la part qu'avait, en vertu de la légitime, droit de recueillir le légitimaire. Car, dans ce cas, il parfaisait, à l'aide de la légitime, la somme que ne procurait pas intégralement la réserve.

Quand la communauté entre époux se forma, ce furent aussi les seuls meubles, et les conquêts qui composèrent l'actif. Que sont les conquêts ? Masuer (1) (*Pratique. Des associations*, tit. XXVIII), nous le dit. « Et sont réputés conquêts les biens qui, pendant le mariage, surviennent au mari même par succession, legs, donations ou à quelque titre que ce soit fors la permutation pour ce que la chose est seulement subrogée au lieu de l'autre. » C'est lui qui, quelques lignes plus haut, dit que *vir et uxor sunt communes in bonis mobilibus etiam in conquestibus factis constante matrimonio*. Ajoutons que cette opinion de Masuer paraît être tout à fait personnelle. Les autres jurisconsultes refusent le nom de conquêts aux immeubles qui adviennent par succession ou donation reçue d'un ascendant. Quant aux meubles des époux, à quelque époque qu'ils leur fussent advenus, ils entraient dans l'actif de la communauté. Les dettes des époux, à quelque époque qu'elles fussent nées, grevaient la communauté. C'est ce que nous apprennent les *Assises de Jérusalem* (191), quand elles nous disent, que le second mari de la veuve doit les dettes du premier mari. Cette masse de biens était, à la dissolution de la communaté, partagée entre les deux époux ou leurs héritiers. Étant donné, que l'on attachait un très haut prix à la conservation des immeubles dans les familles, on comprend que l'on n'ait point fait tomber en communauté les immeubles, puisque par ce moyen l'époux propriétaire serait arrivé à réaliser une aliénation. Les meubles, au contraire, n'étant point l'objet de la même sollicitude, il n'y avait aucun inconvénient à ce qu'ils tombassent en communauté. C'est principalement quand les jurisconsultes étudient les conséquences de ce régime de biens entre époux, qu'ils exposent longuement les caractères aux-

(1) Masuer, édition 1606, Paris.

quels on reconnaît les meubles et les immeubles : Pothier entre autre.

Il avait cependant été, à un moment, possible de faire tomber la valeur d'un immeuble en communauté; il n'y avait qu'à faire vendre ce bien par l'époux propriétaire, et la communauté profitait du prix, bien meuble, qui advenait à l'époux. Il y avait là une pratique qui ne pouvait être vue avec faveur ; elle était trop en désaccord avec le reste du droit, aussi les dispositions du droit romain, qui interdisaient les donations entre époux furent-elles accueillies avec enthousiasme, et la seconde *Coutume de Paris* vint enlever à cette opération une partie de son importance, quand, dans son article 232, elle astreignit la communauté à tenir à l'époux compte du prix touché. Déjà auparavant Masuer avait écrit (*Pratique de societate*) : « Les sommes qui représentent une créance sont mobilières, à moins qu'elle ne représentent le prix d'aliénation d'un immeuble ; car les deniers issus d'héritage sont réputés, immeubles *res enim subrogata.* » On arriva ainsi à pouvoir immobiliser, réaliser des sommes d'argent des créances. C'est ce résultat que formule Loysel en ces termes (212) : « Deniers destinés pour achat ou procédant de vente, d'héritage, ou de rachat de rente sont réputés immeubles, en faveur des femmes contre leurs maris et des mineurs contre leurs tuteurs. » Cette idée que l'on pouvait donner à un bien meuble le caractère d'immeuble, dans les rapports des époux entre eux, ne naissait-elle pas de ce fait que le régime de communauté avec ses conséquences, si graves à l'égard de la propriété des meubles, ne répondait pas suffisamment aux véritables besoins des époux dès que les meubles devenaient plus importants avec la fréquence des relations commerciales.

La communauté n'était pas la seule institution juridique de notre ancien droit, qui se proposait de régler les intérêts pécuniaires des époux, en s'attachant à la valeur des biens. A côté du gain de survie de la femme, portant uniquement sur les meubles et conquêts, qui disparut pour faire place à la communauté, se trouvait le douaire, qui persista. Il se distinguait du gain de survie en ce qu'il ne portait que sur des immeubles et uniquement sur ceux que le mari possédait au jour du mariage, ou qui lui advenaient au cours du mariage, par donation ou succession en ligne directe. C'était un droit en usufruit sur la moitié de ces immeubles, au profit de la veuve survivante.

Il est encore un point sur lequel les immeubles différaient des meubles. En général, il était possible de savoir qui était propriétaire d'un immeuble, il n'en était pas de même du meuble. Le seigneur suzerain avait le droit d'exiger de chacun de ses vassaux le dénombrement, c'est-à-dire l'énonciation par écrit de tous les fiefs et de tous les droits que chacun d'eux tenait de lui. Le vassal avait le même droit à l'égard des arrière-vassaux. Cet état était bien tenu, et certains seigneurs avaient des officiers spéciaux chargés de ce soin. L'intérêt du seigneur n'était-il pas évident, alors que le droit de quint et de lods et vente était exigé à chaque aliénation à titre onéreux, d'un fief ou d'une censive. Le bail à rente foncière d'un fief ou d'une censive donnait aussi lieu à l'exigibilité de ces droits. Il y avait donc un moyen de connaître, d'une façon certaine, le titulaire d'un droit immobilier quelconque, il n'y avait qu'à s'adresser, à cet effet, au seigneur duquel relevait le bien immeuble. Si le système hypothécaire avait été aussi bien organisé, la terre eût pu avoir une valeur plus considérable au point de vue du crédit : malheureusement les hypothèques étaient occultes et ce fait seul enlevait à la propriété foncière une partie des avantages que lui assurait la publicité. Pour les meubles, au contraire, il n'y avait rien de semblable : la possession du meuble, qui pouvait arriver presque au même résultat avec le système admis par le Châtelet de Paris, en matière de revendication de meubles ne valait rien, là ou la revendication était admise.

CONCLUSION

Ainsi nous le voyons : formée sous l'influence de la féodalité, alors que les personnes, n'étant que par ce qu'étaient les terres qu'elles possédaient, la distinction des biens en meubles et immeubles fit de nouveaux progrès après la disparition du rôle important de sa cause originelle. C'est même à cette époque qu'elle prit son plus grand essort et que l'on vit ranger parmi les immeubles tous les biens importants de création récente. C'est que chez un peuple dont la législation avait pour but unique de conserver aux familles leur rang, leur fortune, leur splendeur, on ne trouva pas d'autre moyen d'obtenir ce résultat que d'appliquer au droit civil les décisions éminemment protectrices des droits des parents des règles féodales. Quand on immobilisait tous les biens importants, il était logique de n'établir pour les meubles aucune règle capable de leur faire jouer un rôle considérable. Comme nous le voyons, c'est par un lent travail d'élaboration que les résultats ont été acquis et l'on ne peut pas voir ici une œuvre née d'un seul jet. Chaque siècle a apporté sa part de luttes et de progrès ; car même à l'époque où le droit romain semblait devoir effacer « le droit haineux », de nouveaux intérêts apparurent. C'est cependant au XVIe siècle que nous devons attribuer la plus considérable influence. C'est surtout avec lui que la distinction acquiert toute son importance, qu'elle devient générale, féconde en intérêts pratiques, et par-dessus tout, qu'elle reçoit ce caractère particulièrement artificiel.

ŒUVRE DE LA RÉVOLUTION

A propos du fief et de la censive, il nous a été donné de constater la transformation qui s'est opérée dans les idées juridiques sur l'appréciation des droits des tenanciers. Le droit du concédant qui d'abord avait été la propriété pleine, grevée d'une servitude, n'était plus considéré depuis longtemps que comme une servitude grevant la propriété du tenancier. Dumoulin, quand il avait utilisé les textes romains sur l'emphythéose, pour faire du droit du concessionnaire une propriété, un domaine utile, répondait à la véritable opinion de son époque sur les droits de chacun. Et depuis, le temps et les idées avaient marché. Le concédant, depuis plus longtemps encore ne rendait plus de services et il persistait cependant à réclamer des prestations, d'autant plus lourdes et vexatoires qu'elles devaient être fournies par des gens, à chaque génération, plus ignorants des conditions de la concession. N'étaient-elles pas particulièrement lourdes ces charges, ces services que le seigneur exigeait. Les réclamations contre cet état de choses furent ardentes lors de la convocation des États généraux, surtout du chef de ceux sur qui elles pesaient principalement : les paysans, autant leurs réclamations avaient été ardentes, autant furent vives leurs espérances après la nuit du 4 août. Il est vrai que les résultats consacrés par les lois du 15 mars et du 3 mai 1790 étaient loin de répondre aux illusions qu'on s'était faites. Aussi, loin d'être accueillies avec joie, ces lois furent-elles considérées comme un recul, comme une atteinte portée aux droit des tenanciers. Les assemblées suivantes durent essayer de contenter l'esprit puplic, et l'œuvre législative sur cette matière, fut accomplie en plusieurs fois.

La constituante avait fait trois parts des droits seigneuriaux. Certains droits considérés comme nés d'usurpations, étaient abolis purement et simplement, d'autres étaient réputés acquis à la suite de concessions et ils étaient simplement déclarés rachetables ; d'autres enfin étaient présumés nés d'usurpations, et comme tels abolis sans indemnité ; mais le seigneur pouvait prouver que ces droits étaient la rémunération de services rendus. La Législative dans ses lois du 18 juin 1792 pour les droits, casuels du 20 août 1792, pour les droits fixes, supprima de fait beaucoup de droits maintenus par la Constituante, quand elle déclara que le seigneur ne pourrait invoquer son droit qu'en apportant l'acte de concession. C'était là une preuve que ne pouvait pas fournir le seigneur le plus souvent. Enfin la Convention, dans sa loi du 17 juillet 1793, supprima purement et simplement les droits seigneuriaux. De ce chef disparaissaient tout de suite de nombreux droits immobiliers sans aucune compensation pour les titulaires. Ce fait ne produisit cependant qu'un simple déplacement de valeurs immobilières car l'importance des immeubles libérés s'accrut d'autant.

Les rentes foncières subirent le contre-coup de ces mesures. Depuis longtemps on se plaignait que ces charges, qui grevaient lourdement les terres et qui étaient irrachetables allaient toujours en s'accumulant au point que les propriétaires pouvaient à certains moments être tentés d'abandonner les immeubles pour n'avoir pas à supporter les charges de nombreuses rentes successives. Il fallait apporter des modifications à ce régime. C'est le bref du décret du 18 décembre 1790.

On décida que toutes les rentes seraient rachetables, on fixa le taux du remboursement et chaque propriétaire fut libre de l'effectuer quand il le voudrait. Le résultat de la réforme fut de transformer en valeurs mobilières, de nombreux et importants droits immobiliers. C'est ce qui arrivait déjà dans l'ancien droit, quand un débiteur rachetait la rente foncière qui grevait son fonds, au cas où il le pouvait et quand il remboursait ce capital de la rente constituée ; mais avec la Révolution, la transformation était générale. Du jour au lendemain les débiteurs de rente avaient le droit de rembourser le capital de la rente. La conséquence était l'augmentation d'importance que devaient prendre les meubles dans le patrimoine. Mais la rente foncière continuait à être, jusqu'au rachat, un droit dans l'immeuble susceptible d'hypothèque, et garanti par les mêmes actions que par le passé. La loi du 11 brumaire an VII porta un grave coup à la rente foncière en déclarant qu'elle ne serait pas susceptible d'hypothèque. La rente se rapprochait ainsi du meuble. La loi du 22 frimaire VII ne lui fit-elle pas franchir ce dernier pas? (Art. 69, § 2, 11°.) « Les quittances, remboursements, rachat de rentes et redevances de toute nature... et tous autres actes et écrits portant libération de sommes et de valeurs mobilières. » Ne peut-on pas dire que dès lors la rente foncière n'est plus qu'une créance mobilière, sur le propriétaire, garantie par une hypothèque sur un immeuble?

Une autre classe d'immeubles avait disparu : les offices ; les uns avaient été rachetés, c'étaient les offices royaux, les autres supprimés purement et simplement, avec les droits de justice seigneuriaux, comme conséquence de l'abolition de ces droits, considérés comme usurpés par les seigneurs.

Le résultat de cette transformation des rentes et de l'abolition des droits seigneuriaux et des offices, était de faire disparaître de très importants droits mobiliers, de diminuer, par conséquent, considérablement le rôle des immeubles, dans la constitution des fortunes, et en même temps, d'augmenter la valeur des meubles, en faisant passer des immeubles au rang de meubles. L'harmonie était donc rompue. Quelles mesures prit-on pour mettre les lois d'accord avec les faits ? Aucune sous cette période. C'est le Code civil qui devait combler cette lacune.

Les assemblées révolutionnaires jugèrent cependant nécessaire d'apporter des modifications importantes en d'autres branches du droit, en matière de succession surtout. Il est naturel qu'un régime politique qui rêvait l'égalité de tous, ne devait pas facilement s'accommoder d'une législation dont l'idéal était la conservation, la concentration de la fortune, entre les mêmes mains. En dehors de ce fait que les successions nobles n'avaient plus leur raison d'être, alors qu'il n'existait plus de biens nobles, il fallait supprimer le préciput d'aînesse, la succession aux biens propres, avec un ensemble de règles restrictives de la liberté du propriétaire, retrait lignager, réserve des quatre quints. La nuit du 4 août avait vu disparaître la succession aux biens nobles, comme conséquence de la disparition des biens nobles ; une loi du 19 juillet 1790 fit disparaître le retrait lignager ; une loi du 8 avril 1791 fit disparaître le préciput d'aînesse, qui dans certaines coutumes, donnait à l'aîné un droit d'aînesse sur les immeubles roturiers eux-mêmes, et aussi l'exclusion de filles dotées. Enfin la loi de nivôse an II fit disparaître la règle *Paterna paternis*. Elle fait du patrimoine un tout unique, dévolu à tous les parents au même degré, par parts égales, et elle exige que chaque lot soit composé d'une quantité égale de meubles et d'immeubles. Ainsi on comprend à cet égard l'intérêt que peut avoir chaque héritier à avoir des immeubles, mais on reconnaît que les meubles aussi sont importants. La preuve n'en est-elle pas dans ce fait que l'on maintient le principe de la réserve, en la renforçant quant au nombre des héritiers et aux biens. Ce sont tous les héritiers qui y ont droit, et elle porte indistinctement sur tous les biens, meubles ou immeubles. Le résultat de ces réformes est l'assimilation, presque obtenue, des meubles et des immeubles : c'était, du reste, conforme à ce fait que les immeubles étaient moins nombreux, les meubles plus importants depuis les réformes.

DROIT FRANÇAIS

Quand les rédacteurs du Code civil se réunirent, il y avait déjà douze ans que les lois de la Révolution étaient venues porter atteinte au système juridique depuis longtemps en vigueur. Depuis un assez grand nombre d'années, le droit nouveau était appliqué pour qu'on en pût apprécier les bons ou les mauvais résultats. Laquelle de ces deux législations valait le mieux et devait être acceptée? La question se ramenait à la formule suivante. Devait-on rétablir l'ancienne distinction des biens en meubles et immeubles, avec tous ses intérêts? Devait-on au contraire, ne lui faire jouer qu'un rôle d'importance secondaire et respecter l'œuvre de la Révolution? Était-il politique de rétablir tous les intérêts disparus? Était-ce même possible? La simple lecture du Code suffit pour nous renseigner à cet égard. Le régime féodal, le système des biens propres fondaient, avons-nous dit, le grand intérêt de la distinction dans l'ancien droit. Il y avait là, nous l'avons vu, deux points qui étaient l'objet de longs développements. Que décide le Code en ce qui les concerne? Du régime féodal il ne fut pas même question. Il n'y a au Code aucun article qui y fasse allusion d'une façon directe. Si violentes qu'aient été les mesures prises par les assemblées révolutionnaires, elles répondaient aux ardents désirs des populations; elles y répondaient même si bien, que dix ans après le dernier acte législatif qui essayait de détruire jusqu'au souvenir de ce régime, on ne jugeait pas nécessaire de prononcer à nouveau son abolition. Pour le système des propres, le Code ne se croit pas le droit de rester muet. Si, ayant à choisir entre deux droits différents, il adopte les innovations de la Révolution et maintient le principe de l'abolition de successions distinctes, il le dit formellement dans un article du titre des successions (732) : « La loi ne considère ni la nature, ni l'origine des biens pour en régler la dévolution. » C'est donc la consécration de l'unité du patrimoine que pose le Code, à l'imitation du droit romain et du droit intermédiaire, mais c'est en même temps le rejet complet de la législation coutumière en matière de succession aux propres. Comme conséquence en résulte l'exclusion du retrait lignager, de la réserve coutumière, des quatre quints. Il ne reste donc plus aucun des intérêts que nous avons trouvés dans l'ancien droit. C'est donc le maintien absolu de la théorie nouvelle. Pourquoi dès lors le Code n'a-t-il point à cet égard gardé le même silence qu'en matière de droits féodaux ?

Dictée par le désir non caché de niveler les fortunes et d'éviter la réunion possible de « grandes richesses corruptrices », la loi de nivôse n'avait pas répondu à des besoins aussi urgents que les lois sur l'abolition de la féodalité. Elle n'avait donc pas été accueillie avec le même enthousiasme. Si l'idée de la conservation des biens dans les familles a pu résister à la réforme et se transmettre jusqu'à nous, combien devait-elle être encore puissante quelques années seulement après l'innovation ! On comprend alors la nécessité de l'article 732. Les rentes constituées n'étaient entrées dans la catégorie des immeubles que grâce à cet intérêt de la succession aux propres; devaient-elles reprendre la place que la

Révolution leur avait enlevée alors que les règles de dévolution étaient les mêmes pour tous les biens? Les rentes foncières elles-mêmes avaient-elles plus de droits à être considérées comme immeubles? Les offices n'existaient plus, il ne pouvait donc plus être question d'en faire des immeubles plutôt que des meubles. Ces intérêts écartés, le nombre des immeubles diminué, l'importance de la distinction ne disparaissait-elle pas du même coup? On ne pouvait pas supprimer toutes les causes de différences entre les meubles et les immeubles. Du chef de celles qui subsistaient, la distinction devait jouer un rôle au moins équivalent à celui que nous lui avons vu remplir à Rome. Ne devait-elle même avoir que cette raison d'importance ? Ce ne fut pas l'avis des rédacteurs du Code. Ils conservent à la distinction son rôle important, prépondérant même Dans un titre presque spécial, ils proclament et développent le principe de la généralité de la distinction. Au cours de leurs travaux, ils lui impriment de nombreux intérêts pratiques.

LA DIVISION DES BIENS EN MEUBLES ET IMMEUBLES A UNE PORTÉE GÉNÉRALE

C'est dans le livre II, consacré à l'étude des biens, dans un titre composé de vingt articles, que les rédacteurs du Code établissent cette classification. Après avoir, dans le premier article du titre I, posé le principe que « tous les biens sont meubles ou immeubles » (516) le législateur, dans deux chapitres différents, énumère les biens qui rentrent dans chacune de ces catégories (ch. I, des immeubles; ch. II des meubles). — Déjà, dans nos observations précédentes, nous avons relevé la tendance des auteurs à ramener les différents meubles et immeubles en certains groupes, d'après des caractères spéciaux. C'est là un côté de la classification, qui a été l'objet des préoccupations du législateur, et le résultat de ses travaux est la division des meubles en deux catégories, des immeubles en trois. Immeubles par nature, immeubles par destination, immeubles par l'objet auquel ils s'appliquent (517) ; meubles par nature, et meubles par détermination de la loi (527). Disons, sur les objets de ces catégories, que trois traitent des biens corporels, les deux autres, la troisième et la cinquième, s'occupent des biens incorporels. Forment donc ces trois classes de meubles et immeubles par nature et immeubles par destination, les seuls biens auxquels les Romains appliquaient le mot de *corpora*. Ce sont les objets du monde extérieur. Pour les deux premières, la raison de décider est simple. Ce qui permet à un bien d'entrer dans une classe ou dans l'autre, c'est son aptitude à être susceptible de déplacement ou non.

L'objet peut-il être mû, c'est un meuble. Sont meubles par leur nature, les corps qui peuvent se transporter d'un lieu à un autre, soit qu'ils se meuvent par eux-mêmes, comme les animaux, soit qu'ils ne puissent changer de place que par l'effet d'une force étrangère, comme les choses inanimées (528). L'objet ne peut-il pas être mû c'est un immeuble. Il semble dès lors que le sol devrait composer à lui seul la catégorie des immeubles par nature ; mais toujours on a considéré comme ayant la même qualité que lui les objets qui y adhèrent. C'est ainsi que les bâtiments formés par la réunion de matériaux, de meubles, deviennent immeubles : « Les fonds de terre et les bâtiments sont immeubles par leur nature ; » (518.) « Les moulin à vent ou à eau, fixes sur piliers et faisant partie du bâtiment sont aussi immeubles par leur nature; » (519.) Jouissent aussi de cette qualité d'autres meubles qui font corps avec le bâtiment : tels que portes et fenêtres des maisons, volets de boutiques: « Les tuyaux servant à la conduite des eaux dans une maison, ou autre héritage, sont immeubles et font partie du fonds auquel ils sont attachés. » (523.) Sont encore compris dans cette catégorie les biens qui sont les fruits du sol : « Les récoltes pendantes par les racines, et les fruits des arbres non encore recueillis, sont pareillement immeubles. » (520.) Toutefois ces biens ne sont immeubles que parce qu'ils font partie du sol auquel ils adhèrent. En effet la loi énumère parmi les objets meubles par leur nature « les matériaux provenant de la démolition d'un édifice » (532); et ailleurs elle décide que « dès que les grains sont coupés et les fruits détachés, quoique non enlevés, ils sont meubles. Si une partie seulement de la récolte est coupée, cette partie seule est meuble » (520.) La troisième catégorie des biens corporels, les immeubles par destination, est composée d'objets mobiliers, meubles par nature, mais considérés par la loi comme des immeubles, parce qu'ils ont été attachés, affectés à un immeuble, dont ils dépendent sans en être une partie intégrante. C'est ce point qui distingue l'immeuble par destination des objets meubles, que la loi déclare immeubles par leur nature à cause de leur incorporation dans un immeuble. Les meubles ne deviennent immeubles par destination qu'à la condition d'être affectés à un bien immobilier, par le propriétaire et à perpétuelle demeure. Le meuble deviendrait immeuble par nature, s'il était incorporé à un immeuble, même par une personne qui n'a aucun droit sur le sol. Le simple possesseur d'un terrain rend immeuble par nature les matériaux qu'il emploie à la construction d'un bâtiment. De plus il faut distinguer, suivant que la destination les fait contribuer à l'exploitation ou à l'embellissement d'un immeuble ; car dans ce dernier cas, la loi exige en outre une manifestation extérieure de la volonté du propriétaire. Deviennent aussi immeubles les animaux de culture, les ustensiles aratoires, les semences, les pailles et engrais, les ustensiles nécessaires à l'exploitation des usines. (524.) Les animaux de culture ont cette qualité, même au cas où le propriétaire les livre à un fermier avec estimation. (522.) Les glaces, les tableaux, les statues peuvent être aussi immeubles. (525.) Ces articles sont la reconnaissance et consécration des besoins économiques. Ils donnent satisfaction aux désirs des anciens auteurs.

Tels sont les principes de la division des biens corporels en meubles et immeubles. La loi, avons-nous dit, applique aussi aux biens incorporels cette division ; mais, obéissant aux traditions, elle considère que ces biens ne peuvent entrer au même titre que les autres dans la distinction. Elle ne voit en eux ni meubles, ni immeubles par nature. Le caractère qu'elle leur imprime est à ses yeux tout factice. Elle crée deux groupes spéciaux : les immeubles par l'objet auquel ils s'appliquent les meubles par détermination de la loi. Dans ces deux groupes, elle comprend tous les droits réels autres que la propriété, les droits personnels, les actions qui sanctionnent ces droits, ces biens d'une nature particulière qu'elle appelle des actions ou intérêts et ces droits, de création récente à l'époque de la rédaction du Code, connus sous le nom de propriété littéraire et artistique. L'idée qui guide le législateur dans son travail de classification est ici la même que celle qui lui a fait déclarer meubles par nature les objets susceptibles de déplacement, immeubles les autres ; d'après la nature meuble ou immeuble, de l'objet du droit, on considère le droit comme mobilier ou immobilier. Ainsi dans l'article 526 la loi déclare « immeubles par l'objet auquel ils s'appliquent, l'usufruit des choses immobilières, les servitudes ou services fonciers. » Ces derniers droits, ainsi que l'usage et l'habitation compris souvent dans le terme usufruit, n'affectent que les immeubles (630, 632, 637) ; mais l'usufruit proprement dit (581) « peut être établi sur toute espèce de biens meubles ou immeubles. » C'est donc que quand il ne porte pas sur un immeuble il constitue un droit mobilier.

Sont encore immeubles (526) « les actions qui tendent à revendiquer un immeuble. » L'action c'est le droit en exercice ; il est donc naturel que l'action en revendication d'un immeuble soit immobilière ; mais la loi veut dire plus. Elle vise le cas où celui qui intente une action a pour but de faire reconnaître à son profit l'existence d'un droit réel dont il est titulaire. Il achète une chose, qui n'était pas individualisée, il n'en est point devenu propriétaire. Il a aliéné un bien et il intente une action en rescision d'un contrat translatif de propriété (1). Si dans ce cas l'action tend à revendiquer un immeuble, à faire constater un droit réel immobilier, l'action est un immeuble par l'objet auquel elle s'applique (2). Si au contraire elle tend à l'obtention d'un meuble, elle est meuble par détermination de la loi (529). « Sont meubles par détermination de la loi les actions qui ont pour objet des sommes exigibles ou des effets mobiliers. » C'est cette qualité qu'ont toutes les créances de sommes d'ar-

(1) Demante, II, 356 bis, V.

(2) Aubry et Rau, II, 25, note 5.

gent, de denrées ou autres effets mobiliers. » (529) « Sont meubles par détermination de la loi, les obligations ». Nous devons cependant noter un cas où le droit, qui n'est qu'une créance mobilière, une simple créance de somme d'argent, est immobilier. C'est une création de la loi du 21 avril 1810 sur les mines (1). Cette loi décide qu'aucune mine ne pourra être exploitée sans l'autorisation du gouvernement. Celui-ci se réserve de donner le droit d'exploitation, non pas au propriétaire, mais à la personne qui lui paraît le plus apte à mener l'entreprise à bonne fin. Il y a là une atteinte au droit de propriété, une expropriation pour cause d'utilité générale du droit à la propriété du dessous.

Comme en matière d'expropriation, le propriétaire reçoit une indemnité. Mais ici c'est une redevance annuelle, variable avec les produits de la mine. Cette loi, dans ses articles 18 et 19, semble assimiler le droit à la redevance, à un immeuble quand il appartient au propriétaire du sol. « La valeur des droits résultant en faveur du propriétaire de la surface, en vertu de l'article 6 de la présente loi, demeurera réunie à la valeur de ladite surface, et sera affectée avec elle, aux hypothèques prises par les créanciers du propriétaire ». « Si la concession est faite au propriétaire de la surface, ladite redevance sera évaluée pour l'exécution de l'article précédent. » Cette créance est considérée comme une annexe du fonds, comme un immeuble par nature comme lui. Mais c'est là une anomalie qui n'entame pas la règle suivante d'après laquelle on classe. Une créance est mobilière ou immobilière, selon que l'objet de la prestation qu'elle donne le droit d'exiger est lui-même meuble ou

(1) Aubry et Rau, II, 27, d.

immeuble. C'est ainsi que le preneur à bail d'un immeuble n'a qu'un droit mobilier, car il n'acquiert qu'un droit à la jouissance, à des fruits (1). Le constructeur qui s'engage à édifier une maison, ne contracte qu'une obligation mobilière, car il promet ses services. Sont encore meubles par la détermination de la loi « les actions ou intérêts dans les compagnies de commerce ou d'industrie, encore que des immeubles dépendants de ces entreprises appartiennent aux compagnies. » C'est là la conséquence de la personnalité civile donnée aux sociétés commerciales. La société, être moral, est propriétaire. Les titulaires des intérêts et actions ne sont que des participants aux bénéfices, tant que dure la société, et au partage éventuel des biens, en cas de disparition de la société. C'est donc ici un bien incorporel *sui generis*, qui se ramène au droit d'obtenir des perceptions pécuniaires. Le législateur avait donc raison de le considérer comme un droit mobilier. Quand la société ne jouit pas de cette personnalité, les associés sont copropriétaires et la nature de leurs droits est établie d'après les principes déjà exposés. Nous avons à voir si l'on a toujours respecté les règles de cet article 529 en matière d'action dans les sociétés de commerce (529). « Sont aussi meubles par la détermination de la loi, les rentes perpétuelles ou viagères, soit sur l'État, soit sur des particuliers ». Si le législateur moderne n'avait pas eu derrière lui la législation coutumière, il n'aurait pas pris la peine de formuler une règle qui fait double emploi avec le commencement de l'article 529. Qu'est au fond la rente constituée ? Une créance qui

(1) *Contra :* M. Colmet de Santerre, *Cours analytique*, VII : 198 *bis*, II et suivants.

a pour objet la prestation périodique d'arrérages, de sommes d'argent ou de denrées dues par le débit rentier : en un mot c'est une créance de meubles (1). La rente viagère a la même nature ; mais elle diffère de la rente perpétuelle, en ce qu'elle est établie sur la vie d'une personne, et s'éteint avec elle. Cette solution admise pour la rente constituée est donc celle qu'il faut appliquer à toutes les rentes, après le rejet de la rente foncière irrachetable. L'idée du législateur ne se manifeste-t-elle pas d'une façon suffisante dans ce fait, que l'on n'a pas jugé nécessaire de maintenir le dernier membre de phrase de l'article 529 : « encore que ces rentes soient le prix de l'aliénation d'un fonds. » A la suite d'une longue discussion portant sur la question de savoir si l'on rétablirait l'ancien bail à rente et l'emphythéose, on adopta l'article 530, aux termes duquel « toute rente établie à perpétuité, pour le prix de la vente d'un immeuble, ou comme condition de la cession à titre onéreux ou gratuit d'un fonds immobilier, est essentiellement rachetable. »

Le droit de propriété littéraire, artistique et industrielle a la même nature. Quoique le législateur se trouve ici en présence de biens susceptibles parfois d'une très grande valeur, « il ne s'est point laissé entraîner à faire de ces biens des immeubles comme n'aurait pas manqué de décider l'ancien droit. Le Code n'en parle pas, il est resté muet, et cependant depuis la loi du 19 juillet 1793, la propriété littéraire était reconnue et sanctionnée énergiquement. Le droit de l'auteur est un simple droit mobilier : car c'est la faculté de tirer de son œuvre, de sa pensée des profits pécuniaires. Et la loi du 14 juillet 1866 corrobore bien cette façon de voir dans un ar-

(1) Locré, *Légis.*, VIII, 78 à 99.

ticle 1er : « le conjoint survivant, quel que soit le régime matrimonial et indépendamment des droits qui peuvent résulter en faveur. de ce conjoint du régime de la communauté ». Si le régime de communauté donne un droit sur ce bien au conjoint, c'est que la loi en fait un meuble. La loi du 5 juillet 1844 sur les brevets d'invention ne contient aucune décision contraire à l'admission de ce droit comme mobilier. Il y a, pour lui donner cette nature, les mêmes raisons que pour la propriété littéraire.

Il y a enfin un nouveau meuble depuis la loi du 28 avril 1816, article 91, qui reconnaît aux officiers ministériels le droit de présenter un successeur au choix du gouvernement, et de se faire payer ce service par le nouveau titulaire agréé. Telles sont les conclusions, auxquelles nous arrivons, quand nous suivons comme guides, pour la classification des biens en meubles et immeubles, les principes posés par les rédacteurs du Code : immeubles par nature le sol, les bâtiments, les récoltes sur pied; immeubles par destination, les objets meubles affectés au service ou à l'embellissement des fonds ; immeubles par l'objet auquel ils s'appliquent, les droits réels immobiliers, et les actions qui tendent à revendiquer un immeuble. Meubles par nature les objets susceptibles de déplacement ; meubles par détermination de la loi l'usufruit de ces mêmes objets. Les créances de prestations mobilières, les actions dans les sociétés personnes morales, les rentes perpétuelles ou viagères, les offices, les droits de propriété littéraire, artistique et industrielle. En présence de ces conclusions, il nous faut constater, que la valeur comparative des immeubles, dans la fortune privée, est de beaucoup inférieure à ce qu'elle était aux siècles précédents. Si la propriété immobilière a reçu de nouveaux éléments d'importance, par suite de la création des immeubles par destination, elle a perdu les rentes et les offices. Elle a vu entrer dans la fortune mobilière les droits de propriété littéraire artistique et industrielle dont on ne soupçonnait pas l'existence dans l'ancien droit. Ne semble-t-il pas que dès lors l'équilibre est bien près de s'établir. L'importance de ces deux éléments de la richesse est devenue sensiblement la même et dès lors devons-nous nous attendre à ne plus trouver dans notre droit les intérêts de la distinction qui n'avaient leur cause que dans la maxime : *Mobilium vilis possessio ?*

INTÉRÊTS PRATIQUES DE LA DISTINCTION

Ces intérêts, nous l'avons dit en commençant, sont encore très nombreux dans notre droit. Ils ne se manifestent pas seulement dans le droit civil ; mais bien dans toutes les branches de notre droit. Le législateur n'a pas su se débarrasser complètement de l'influence de l'ancienne tradition. Il en résulte que la plupart des points de différence des intérêts pratiques de la distinction que nous rencontrons sont les mêmes que ceux qu'avait créés l'ancien droit. Il ne faut pas s'étonner dès lors outre mesure, si la conséquence de ces différences est d'entourer les immeubles d'un ensemble de règles protectrices, comme s'ils continuaient à jouer un rôle prépondérant et avaient une valeur considérable comparativement aux meubles. Mais là n'est point l'unique cause des intérêts.

§ 1. — Quelques-uns tiennent à ce fait, que l'immeuble à une grande fixité, un rapport constant avec le sol, qu'il est immobile, tandis que le meuble est susceptible de déplacement et incapable d'avoir, par lui-même, un rapport permanent avec telle partie du sol ; sa nature n'est-elle pas l'aptitude au mouvement. C'est à cet ordre d'idées que se rattachent les différences énoncées dans les articles 3 du Code civil et 59 du Code de procédure. « Les immeubles, même ceux possédés par des étrangers, sont régis par la loi française (1). » La loi ne dit rien des meubles : il faut donc décider que quand ils sont possédés par des étrangers ils sont soumis à la loi étrangère. Ce serait là une conséquence logique du raisonnement à contrario ; mais il ne faut pas oublier l'origine de la règle.

Dans l'ancien droit, on l'avait réduite en une formule : *Mobilia sequuntur personam.* Les meubles n'ayant pas d'assiette fixe, sont réputés situés au domicile du propriétaire. Ce n'était toutefois qu'au point de vue de la succession. Pour la dévolution des biens, on décidait que la loi à appliquer devait être celle du pays avec lequel le meuble était en relation par l'intermédiaire de son propriétaire, le pays de ce propriétaire. Le meuble n'ayant pas d'assiette fixe, ne se trouve en un lieu que par suite de circonstances absolument fortuites, de la volonté de son propriétaire libre de le déplacer. En dehors de cet intérêt, on appliquait au bien mobilier l'ensemble des règles du pays. C'est ainsi qu'un habitant d'Orléans n'aurait pas, devant le Châtelet de Paris, pu invoquer sa Coutume, qui lui permettait de revendiquer un meuble. C'est que cette décision n'avait pas pour but d'écarter les règles du statut réel. Il en est de même dans notre droit. Ainsi la succession aux meubles est réglée d'après la loi du propriétaire, tandis que la succession aux immeubles est réglée

(1) Aubry et Rau, I, § 31.

d'après la loi du pays où est situé le bien. Mais faut-il décider ainsi pour les meubles et immeubles incorporels? Oui, car les raisons sont les mêmes et c'était ce que décidait d'ailleurs l'ancien droit. C'est dans le même ordre d'idées que l'article 59 du Code de procédure dit que « en matière personnelle le défendeur sera assigné devant le tribunal de son domicile ; en matière réelle devant le tribunal de la situation de l'objet litigieux. » Il nous faut à cet égard compléter les énonciations du Code. Ce n'est pas seulement en matière personnelle, mais aussi en matière mobilière, même réelle, que le défendeur est assigné devant le tribunal de son domicile, car le meuble n'a pas de situation, c'est donc seulement en matière réelle immobilière que le défendeur est assigné devant le tribunal de la situation du bien, c'est le seul cas où *actor sequitur forum rei*, où le demandeur n'est pas obligé d'aller plaider devant le domicile du défendeur. C'est encore en application de ce principe que le Code de procédure (art. 2) décide qu' « en matière purement personnelle et mobilière la citation sera donnée devant le juge de paix du défendeur. » Si dans l'article 3 il semble suivre une autre règle, en matière de « dommages causés aux champs, aux maisons, d'usurpation de terres, » c'est qu'il y a ici un droit mobilier, une action en dommages-intérêts, qui naît au profit du demandeur, à l'occasion d'un immeuble et qu'à cause de l'impossibilité dans laquelle on se trouve d'opérer le déplacement, le transport de la chose endommagée, aucun autre juge de paix, que celui de l'endroit où est situé l'immeuble, n'est aussi apte à évaluer équitablement l'étendue du préjudice.

§ 2. — De nombreux intérêts ne peuvent se ramener, qu'à l'idée de l'importance plus grande de l'immeuble que du meuble.

C'est ainsi que les époux, qui se marient sous le régime de communauté légale voient leurs meubles tomber dans l'actif de la communauté, à quelque époque qu'ils les aient acquis, tandis que les immeubles qu'ils avaient lors du mariage, qui leur échoient depuis par succession, donation, échange ou remploi, leur demeurent propres. Ce n'est pas seulement le mobilier corporel qui tombe en communauté, c'est aussi le mobilier incorporel, de même que les immeubles incorporels restent propres: « La communauté se compose passivement: 1° de toutes les dettes mobilières dont les époux étaient grevés au jour du mariage (1409).» 1411 : « Les dettes de successions purement mobilières, qui sont échues aux époux pendant le mariage, sont pour le tout à la charge de la communauté ». Les termes : « tout le mobilier », contenus dans l'article 1401, pour désigner les éléments de l'actif, sont bien assez larges pour comprendre les créances dont étaient titulaires les époux ou celles dont ils héritent. L'article 1433 contient la preuve que les immeubles incorporels restent propres, comme les immeubles corporels, « si l'on s'est rédimé en argent de services fonciers dus à des héritages propres. » La communauté peut, au cours de son existence, acquérir des immeubles. La loi reconnaissant au mari administrateur de cette masse de biens, le droit de disposer des divers éléments qui la composent, montre bien qu'elle ne considère pas les meubles comme ayant la même importance que les immeubles (1422). « Il (le mari) ne peut disposer entre vifs, à titre gratuit des immeubles de la communauté, ni de l'universalité ou d'une quotité du mobilier... Il peut néanmoins disposer des effets mobiliers, à titre gratuit. » Il ne peut donner un are de terrain, ni un centième de son mobilier, mais il peut donner un titre de rente. Ces décisions n'ont rien de nouveau pour nous : elles sont les conséquences des idées anciennes sur la valeur des meubles. Ce n'est pas, aux yeux de la loi, l'aliénation d'une chose importante qu'il consomme, celui qui laisse tomber ses meubles en communauté. Du reste, il ne faut point oublier, qu'en général, le rôle du meuble n'est pas de rester toujours dans le même patrimoine. Pour la loi, le propriétaire ne peut que gagner à échanger son droit actuel contre un droit éventuel au partage, car alors il retrouvera son bien sous la forme d'une valeur équivalente.

§ 3. — Cette même règle, de l'importance plus grande de l'immeuble, existe aussi en matière de liquidation, de succession et de communauté (1476). C'est ainsi qu'aux termes de l'article 826 : « Chacun des cohéritiers put demander sa part en nature des meubles de la succession ; » à moins qu'il n'y ait des dettes à acquitter, auquel cas la majorité des héritiers peut exiger, pour le payement immédiat des créanciers l'aliénation des meubles. L'article 832 ajoute qu' « il convient de faire entrer dans chaque lot, s'il se peut, la même quantité de meubles, d'immeubles, de droits ou de créances de même nature et valeur. » L'égalité doit exister entre les héritiers. Si donc l'un d'eux avait reçu du vivant du *de cujus* une donation, il doit la rapporter, à moins que dans un acte le donateur n'ait exprimé le contraire. Ce rapport d'un bien mobilier ou d'une somme d'argent doit se faire en moins prenant (868 et 869), c'est-à-dire que les cohéritiers du donataire prendront chacun une valeur égale en objets de même nature (1). Le rapport « peut être exigé en nature, à l'égard des immeubles, toutes les fois que l'immeuble

(1) Demante, III, 201 bis.

donné n'a pas été aliéné par le donataire et qu'il n'y a pas dans la succession d'immeubles de même nature, valeur et bonté, dont on puisse former des lots à peu près égaux, pour les autres cohéritiers. » Ne peut-on pas voir, dans ces décisions, des souvenirs de l'ancienne règle de succession aux propres ? N'est-elle pas insérée dans la loi, parce qu'on reconnaît que l'immeuble, à cause de sa valeur, à cause des souvenirs de famille qu'il invoque, a, aux yeux des héritiers, une double importance. Il faut éviter les jalousies qui naîtraient entre les héritiers, si l'un avait tous ces biens auxquels se rattachent le nom, les efforts des ancêtres, et si l'autre n'avait que des meubles.

§ 4. — Le principe que posait la loi 15, § 2, au *Digeste*, 42, 1, sur l'ordre à suivre dans la vente du *pignus judiciale* n'est pas inconnu dans notre droit. Nous en trouvons des applications dans un certain nombre de cas. Article 826 : « S'il y a des créanciers opposants ou saisissants, ou si la majorité des cohéritiers juge la vente nécessaire, pour l'acquit des dettes et charges de la succession, les meubles sont vendus publiquement (1). » Ainsi, pour payer les créanciers on va, tout de suite, vendre les meubles, non pas de l'avis de tous les cohéritiers, ce qui serait logique, mais seulement dès que la majorité des cohéritiers le veut, ou dès qu'un créancier a fait opposition aux opérations de la liquidation. C'est donc que les meubles doivent tout de suite répondre du payement des dettes. Ce n'est pas là un cas unique. « Les immeubles d'un mineur, même émancipé, ou d'un interdit, ne peuvent être mis en vente avant la discussion de son mobilier. » On voit encore dans cet exemple, que

(1) Demante, III, 159, 160.

pour la loi, la vente des meubles est une chose qui n'entraîne pas de bien graves conséquences, tandis que celle d'un immeuble, dans les mêmes conditions, lèserait d'une façon trop considérable le débiteur, et porterait à son patrimoine une atteinte qu'il ne faut autoriser qu'à la dernière nécessité. Dans ces deux cas, il est important de noter que la loi parle des meubles et des immeubles, sans faire de distinction ; il faut donc décider que sa portée est générale et que les droits immobiliers sont tous compris sous le terme immeubles, tandis que par meubles, elle entend les meubles par nature et par détermination de la loi. Ce n'est point, du reste, là une chose qui doive nous étonner, car si nous passons du droit de vendre le bien aux modes d'exercice de ce droit, nous remarquerons que, là encore, la loi maintient son principe de la grande importance de l'immeuble.

Pour arriver à réaliser le droit de gage général qu'il a sur les biens de son débiteur, en vertu des articles 2092 et 2098, le créancier doit employer plusieurs voies. A Rome, la *bonorum venditio* était un moyen d'enlever au débiteur tous ses biens et de les faire vendre en une seule fois. Chez nous, il faut au moins deux procédures : la saisie immobilière, la saisie-exécutoin ou mobilière. Elles sont toutes deux l'objet d'un titre spécial au Code de procédure, de plus, la saisie immobilière fait l'objet du titre XIX du Code civil. Si pour toutes les deux le créancier doit avoir un titre exécutoire et faire un commandement, le délai à observer entre ce commandement et la saisie est variable : il est plus long en matière de saisie immobilière. En outre, dans ce même cas, la loi entoure la mise en vente d'une série de formalités, qui ont pour but d'assurer au débiteur le plus haut prix possible. On obtient ce résultat par un système plus compliqué de publicité qu'en matière de vente mobilière. En outre, l'adjudication en matière de saisie immobilière a lieu devant le juge du tribunal, tandis que c'est un officier civil qui procède à la vente aux enchères des meubles. En matière mobilière, le créancier n'est pas obligé de recourir à la saisie de tout le mobilier: la loi lui donne des moyens d'arriver à obtenir la satisfaction qui lui est due, en ne réalisant que quelques biens spéciaux de son débiteur. C'est ainsi que le titre VII, du livre V, du Code de procédure, établit la saisie-arrêt ou opposition. Le créancier a, par cette voie, un moyen commode d'empêcher son débiteur de toucher le montant d'une créance qui va bientôt être exigible, ou de céder à un tiers une créance à terme. Le titre X du même Code donne au créancier le moyen d'arriver par une voie spéciale à la réalisation des rentes perpétuelles et viagères sur les particuliers. Enfin, le titre IX donne au créancier le moyen de se payer avec le prix des récoltes encore sur pied, mais qui seront bientôt à maturité ; c'est la saisie-brandon. Quelque multiples que soient ces procédés, ils ne peuvent pas frapper tous les biens ; car il en est que la loi elle-même a déclarés insaisissables: tels sont les droits d'usage, d'habitation, les rentes sur l'État, quand elles ne sont pas l'objet d'un droit spécial de gage, les obligations émises par le Crédit foncier.

Cette différence quant au mode d'aliénation se retrouve aussi quant au mode de répartition de la somme d'argent obtenue par la vente des biens. Est-ce un meuble qui a été vendu ; le prix s'en distribue toujours par la procédure de contribution. S'agit-il du prix d'un immeuble, la distribution peut ne s'en faire qu'à la suite d'une procédure d'ordre. Cela tient à une autre différence entre les meubles et les immeubles que nous avons déjà rencontrée dans notre ancien droit, dont elle est une création. 2117: « L'hypothèque est un droit réel sur les immeubles affectés à l'acquittement d'une obligation. Elle les suit en quelques mains qu'ils passent. » 2118: « Sont seuls susceptibles d'hypothèque les biens immobiliers qui sont dans le commerce, et leurs accessoires réputés immeubles ; l'usufruit des mêmes biens et accessoires pendant le temps de la durée. 2119 (1): « Les meubles n'ont pas de suite par hypothèque. » La portée de cette règle rapprochée des deux précédentes et de l'ancienne pratique, est d'établir que les immeubles seuls sont susceptibles d'hypothèque, et comme conséquence, soumis au droit de suite du créancier et entraîne pour lui le droit d'être payé du montant de sa créance de préférence aux autres ; que les meubles au contraire ne sont susceptibles d'hypothèque pas plus quant au droit de préférence que quant au droit de suite. Seulement, ce qu'il ne faut pas oublier, c'est que les meubles peuvent cependant être affectés d'un droit réel, d'un privilège, droit qui porte sur les meubles comme sur les immeubles (2099): « Les privilèges peuvent être sur les meubles ou sur les immeubles. » Mais dans ce cas encore, une différence subsiste entre les privilèges, suivant qu'ils portent sur les meubles ou sur les immeubles, elle arrive à en faire deux catégories de droits : le privilège sur immeuble, qui n'est qu'une hypothèque privilégiée, donne à la fois le droit de suite et le droit de préférence ; le privilège sur meubles, au contraire, ne donne que le droit de préférence. Il y a cependant deux cas qui font exception, ils sont contenus dans l'article 2102, §§ 1, *in fine*, et 4°. Ce ne sont pas d'ailleurs des créations de notre Code. La *Cou-*

(1) M. Colmet de Santerre, IX, 79.

tume de Paris les avait admis comme cas de revendication de meubles. Bourjon nous les faisait connaître comme dérogations imposées par la *Coutume de Paris* à l'exclusion de la revendication mobilière admise par le Châtelet. C'est le droit pour le locateur d'immeuble de suivre son gage : les meubles apportés par le locataire et déplacés (gagerie revendication), et le droit accordé au vendeur de meubles non payé, de se faire rendre la possession qu'il avait abandonnée pour attendre que l'acheteur lui paye son prix. Si l'article 2092 dit que tous les biens du débiteur sont affectés au payement de ses obligations, le propriétaire peut se faire de chacun de ses biens un moyen de crédit en les affectant à l'acquittement d'une obligation spéciale qu'il contracte. En cela les meubles ressemblent aux immeubles.

Il existe toutefois entre eux une différence, qui consiste en ce que le moyen par lequel le débiteur obtient ce résultat n'est pas le même : c'est à l'aide du gage qu'il se fait de ses meubles un moyen de crédit ; c'est, outre l'hypothèque, l'antichrèse, qui lui permet d'atteindre son but quand il est propriétaire d'immeuble (2072). Il faut dire toutefois que, grâce à l'hypothèque, l'antichrèse est un mode peu usité, car il est trop onéreux pour celui qui cherche du crédit, puisqu'il l'oblige à se priver de la possession de son bien, condition inutile en matière d'hypothèque. Cette différence entre l'hypothèque et l'antichrèse nous permet d'établir entre les meubles et les immeubles une distinction importante en fait, grâce au peu d'emploi de l'antichrèse. On ne peut se faire un moyen de crédit de son meuble qu'à la condition d'en perdre la possession ; on peut donner une sûreté à son créancier en restant possesseur de l'immeuble. De l'origine de cette différence entre le meuble et l'immeuble au point de vue de l'hypothèque, nous avons trouvé les raisons dans l'ancien droit : ce sont les mêmes de nos jours. C'est que le législateur pense que les meubles n'ont pas une valeur assez stable pour qu'il puisse faire reposer sur eux le crédit. Outre qu'ils n'ont point une nature aussi perpétuelle et immuable que l'immeuble, qu'ils sont sujets à un dépérissement, à une détérioration parfois rapide, ils n'ont point une assiette fixe, ils sont susceptibles de déplacement presque instantané, ils peuvent, au gré du débiteur possesseur, être soustraits à l'action du créancier, presque toujours hors d'état de les retrouver, et l'on comprend alors que le législateur n'ait pas cru devoir faire fond sur eux, pour établir un système de crédit qui repose sur le principe de la publicité autant que sur la valeur réelle du bien affecté.

De cette idée, la loi tire plusieurs conséquences. Ainsi elle décide que « la solvabilité d'une caution ne s'estime qu'eu égard à ses propriétés foncières, excepté en matière de commerce ou lorsqu'une dette est modique. » (2019.) Il faut encore citer l'article 16, aux termes duquel « en toutes matières, autres que celles de commerce, l'étranger qui sera demandeur, sera tenu de donner caution pour le payement des frais..., à moins qu'il ne possède en France des immeubles d'une valeur suffisante pour assurer ce payement. » Quelle que soit donc la valeur de la fortune mobilière, elle ne peut présenter une garantie suffisante aux yeux de la loi pour assurer le payement des obligations contractées.

§ 5. — La même sollicitude de la loi se rencontre encore dans une matière toute spéciale : celle des substitutions (1). La loi reconnaissant qu'il peut se trouver tels

(1) Demante, IV, 225 et 226. — Aubry et Rau, VII, § 696, 2°, page 338 et suiv.

cas où un propriétaire, soucieux d'assurer à ses très proches parents, ses petits-enfants ou ses petits-neveux, la transmission d'une partie de sa fortune, éprouve le besoin de mettre ses biens à l'abri des actes de dilapidation d'un fils ou d'un frère, dont il a été à même d'apprécier les mauvais procédés de gestion, l'autorise, dans cette limite, à frapper d'inaliénabilité les biens ou partie des biens disponibles entre ses mains. Elle lui permet de transmettre ces biens à cet héritier, en le grévant de restitution au profit de tous ses enfants nés et à naître, sans distinction d'âge ni de sexe. La disposition qui est faite à charge de restitution comprend des meubles et des immeubles.

Pour les meubles, comme la loi craint que leur mobilité ne se prête trop facilement à leur disparition, et ne serve à déjouer les espérances du disposant, le grevé tde restitution doit les vendre (1062). « Le grevé de resitution sera tenu de faire procéder à la vente... de tous les meubles et effets compris dans la disposition, à l'exception néanmoins » des « meubles meublants et autres choses mobilières, qui auraient été compris dans la disposition, à la condition expresse de les conserver en nature », et qui « seront rendus dans l'état où ils se trouvaient lors de la restitution. » (1063.) La loi excepte encore du nombre des choses à vendre (1064) : « les bestiaux et les ustensiles servant à faire valoir les terres », c'est-à-dire les meubles devenus immeubles par destination. Cette disposition, qui est empruntée à l'ordonnance de 1747, n'a plus, dant le Code, la même raison d'être. Quels sont les meubles que le grevé doit aliéner ? les termes de l'article 1062 paraissent-ils assez larges pour les comprendre tous ? Nous ne le croyons pas, et cela en nous appuyant sur l'article 1066, qui décide que « le grevé sera pareillement tenu de faire emploi des deniers provenant des effets actifs qui seront recouvrés et des remboursements de rentes. » Quoiqu'on puisse admettre que la loi a réglé ici les devoirs du grevé au cas où la volonté du disposant a été d'éviter cette aliénation prématurée et par conséquent peu avantageuse, ne vaut-il pas mieux voir ici l'expression du désir du Code de suivre l'ordonnance de 1747, qui n'imposait pas cette aliénation des meubles incorporels. Du reste comment les remplacerait-on ? à l'aide de quels biens fera-t-on l'emploi? En créances garanties par privilège, n'y a-t-il pas, d'ailleurs, dans la loi des moyens suffisants pour garantir les droits des appelés? Si des immeubles se trouvent dans les biens chargés de restitution, il ne faut pas les aliéner, il faut au contraire les conserver; bien plus c'est en immeubles ou en acquisition de créances garanties par des privilèges sur des immeubles, qu'il faut employer le prix provenu des biens aliénés à moins que le disposant, lui-même, n'en ait autrement décidé. (1067.) Si la loi décide ainsi, c'est qu'à sa valeur, l'immeuble joint un autre avantage.

§ 6. — De cet avantage la loi s'empresse de profiter (1069) : « Les disipostions à charge de restitution seront rendues publiques, savoir : quant aux immeubles par la transcription des actes sur les registres du bureau des hypothèques du lieu de la situation, et quant aux sommes colloquées avec privilège sur des immeubles par l'inscription, sur les biens affectés au privilège. » On rend ainsi efficace la disposition en la portant à la connaissance des tiers intéressés à la connaître.

Ce n'est pas seulement en matière de substitution que le Code ordonne la transcription d'un acte, comme moyen de prévenir les tiers de la mise de quelques immeubles hors de la disposition de celui qui pourrait être cru propriétaire. Il donne la même décision en matière de donation (939) : « Lorsqu'il y aura donation de biens susceptibles d'hypothèque, la transcription des actes contenant la donation et l'acceptation devra être faite aux bureaux des hypothèques de l'arrondissement desquels les biens sont situés. » C'est que souvent le donateur se réservant, en même temps qu'il donne, l'usufruit des biens dont il dispose, les tiers pourraient, dans l'ignorance de l'aliénation consentie, le considérer comme encore propriétaire, et faire fond sur ce bien pour rentrer dans le montant de leurs créances. La donation est valable, elle est parfaite entre les parties indépendamment de cette transcription ; mais (941) « le défaut de transcription pourra être opposé par toute personne ayant intérêt. » Il faut toutefois noter que le Code ne donne pas cette solution pour toutes les donations d'immeubles. Il ne rend inefficace, à l'égard des tiers intéressés, la donation non transcrite, qu'autant qu'elle porte sur un bien susceptible d'hypothèque (1).

Pour les meubles, au contraire, la loi décide autrement (948). « Tout acte de donation d'effets immobiliers ne sera valable que pour les effets dont un état estimatif signé du donateur et du donataire aura été annexé à la minute de la donation. » Ainsi en matière de donation de meubles, c'est la validité de la donation qui est subordonnée à l'accomplissement de cette formalité.

Nous avons déjà relaté la différence qui existe entre les meubles et les immeubles, au point de vue de l'hypothèque. Nous avons dit que les immeubles seuls étaient susceptibles d'hypothèque, nous avons ajouté que les meubles et les immeubles pouvaient être affectés de pri-

(1) Aubry et Rau, VII, § 704, page 388. — Demante, IV, 82.

vilèges. A cet égard, il nous faut ajouter une nouvelle différence qui résulte du Code. C'est qu'en principe, l'hypothèque ou le privilège sur immeuble ne vaut qu'autant qu'il a été rendu public, par son inscription sur des registres tenus dans chaque arrondissement. Nous avions déjà, en matière d'emploi fait en créances avec privilège sur des immeubles, de fonds provenant de la vente de biens affectés à une substitution, rencontré la nécessité de l'inscription ; mais elle avait là un caractère spécial, c'était la destination de la créance qu'on voulait faire connaître. Ici c'est le droit du créancier à être payé du montant de sa créance, sur le prix de cet immeuble. En matière de privilège sur meubles corporels, au contraire, il n'y a rien de semblable. L'existence de ceux-là seuls qui se ramènent au type du gage, est portée à la connaissance des tiers, par ce fait que le créancier gagiste a le bien en sa possession. L'avantage de la publicité obtenu par ce mode d'inscription du droit, c'est que tout individu ayant la faculté de se faire délivrer l'état des hypothèques prises sur toute personne, peut savoir le crédit qu'il doit accorder à son futur emprunteur. Cette raison nous permet de comprendre pourquoi la loi attache aussi peu d'importance aux meubles corporels, puisqu'à cause de leur inaptitude à avoir une assiette fixe et à cause des fréquentes mutations dont ils sont l'objet, un mode semblable de publicité ne pourrait aboutir à rien (1).

Sous le régime de la loi de brumaire an VII, les droits susceptibles d'hypothèque n'étaient transmis à l'acquéreur, au regard des tiers qui avaient contracté avec le vendeur, qu'autant que le fait de l'aliénation avait été

(1) M. Colmet de Santerre, X, 101.

porté à leur connaissance par la voie de la transcription du contrat au bureau des hypothèques. La transmission des meubles corporels n'était soumise à rien de semblable. Avec l'établissement du Code, cet intérêt avait presque disparu, alors que la transcription ne jouait plus ce rôle prépondérant. La loi du 23 mars 1855 a rendu à la transcription son importance. Elle décrète une innovation, dont le but est de permettre à celui qui veut traiter avec une personne de se renseigner exactement sur l'état de la fortune immobilière de cette personne. Sous le régime de cette loi, tout acte translatif de propriété immobilière ou droit réel, susceptible d'hypothèque doit être transcrit. Il en est de même de la renonciation à ces mêmes droits. Elle soumet de plus à la transcription l'acquisition d'un droit réel non susceptible d'hypothèque, antichrèse, usage, habitation, servitudes, et la renonciation à ces droits. Pour les meubles même corporels, ce mode de divulgation de la transmission ne s'applique pas, sauf toutefois aux actes qui constatent des baux de plus de dix-huit ans, ou des quittances équivalentes à trois années de loyers à échoir.

§ 7. — Le Code avait organisé un système à peu près équivalent dans ses résultats pour les meubles incorporels, les créances (1). Nous avons dit que le Code rangeait parmi les meubles par détermination de la loi le rapport juridique qui existe entre un homme, créancier de prestation mobilière, et une autre personne, le débiteur tenu d'accomplir ces prestations. Le droit français a vu, dans ce rapport des personnes, un bien qui, comme les autres biens, pouvait être transmis d'un créancier à un

(1) M. Colmet de Santerre, VII, 135.

autre. Mais il jugea en même temps indispensable que le débiteur dont il n'exige ni le consentement, ni la présence au moment du contrat de cession, fût averti de l'événement pour lui si important à connaître, qui vient de se produire. Les tiers eux-mêmes ont intérêt à pouvoir aussi se renseigner sur l'état de cette partie de la fortune du créancier, qui est peut-être leur débiteur, ou qui leur propose à eux-mêmes la cession d'une créance dont il a déjà disposé. Pour sauvegarder ces divers intérêts, la loi a décidé que l'acte qui servirait à faire connaître au débiteur le désinvestissement du créancier, produisait cet effet à l'égard de tout le monde, le vendeur et l'acquéreur exceptés, à l'égard de qui l'accord des volontés a été translatif du droit. C'est pour cela que dans sa sagesse, la loi décide que « le cessionnaire n'est saisi à l'égard des tiers que par la signification du transport faite au débiteur... », ou « par l'acceptation faite par le débiteur, dans un acte authentique (1690). » Plus de fraude, de collusion possible, du jour où un acte public peut seul faire la preuve. Les tiers intéressés pourront ainsi se renseigner auprès du débiteur. C'est à ce système qu'est soumise la transmission de ces titres nominatifs qui constatent les obligations contractées par les compagnies de commerce, de finances si nombreuses aujourd'hui, et par l'État. Dans ce cas il prend le nom plus spécial de transfert.

Mais il y a là un procédé qui peut entraîner des longueurs, aussi en matière commerciale a-t-on pris l'habitude de donner aux titres qui constatent l'existence d'une dette une forme plus commode. Le débiteur a pu, en reconnaissant sa dette dans le titre qui fera preuve de l'existence de son obligation, prendre l'engagement de considérer comme son créancier, non pas la personne envers laquelle il s'oblige, mais toute personne que celle-ci lui désignera sur ce titre. Il s'engage à se libérer entre les mains de quiconque présentant le titre à sa caisse le jour de l'échéance, apportera inscrite sur le titre de créance la preuve de sa régulière possession du papier. C'est le titre à ordre transmissible par la voie de l'endossement. Le débiteur s'est ici enlevé le droit de se faire tenir au courant des mutations dont sera l'objet sa propre obligation. Les tiers n'ont pas plus de droit que le débiteur. Il est enfin une autre forme que revêtent les titres de créances, c'est la forme de titre au porteur. Par l'émission de ces titres, le débiteur s'engage à payer à l'échéance le montant de la créance à tout individu qui se présentera à sa caisse, muni du papier qui la constate. Ce résultat a été obtenu par l'assimilation du droit et du papier qui le constate, et l'on est arrivé ainsi à faire des créances, de biens incorporels, des meubles corporels. Une loi récente a donné à l'égard de l'acquisition et de la perte de ce bien des règles que tendent de plus en plus à l'assimiler à un meuble corporel, c'est donc à propos de meubles corporels que nous nous occuperons de la transmission de ce bien. Ajoutons que les créances ne sont pas les seuls meubles par détermination de la loi, qui ont adopté ces formes du titre nominatif et au porteur. Les droits que nous avons appelés des actions ou intérêts dans les sociétés les ont admises et se trouvent soumis aux mêmes règles.

En vertu de l'article 2279, « en fait de meubles, la possion vaut titre », la remise de la possession d'une chose mobilière, vaut, à l'égard de tout le monde, mutation de propriété. C'est là une grave dérogation à la règle qu'exprime l'adage : « Qu'on ne peut transférer plus de de droits, que l'on en a soi-même. » Un non propriétaire peut, en remettant la possession d'un meuble à un tiers acquéreur, lui en transférer la propriété. Il en est toutefois différemment, si la chose n'est sortie du patrimoine de son propriétaire qu'à la suite d'un acte délictueux, un vol ou un fait accidentel : la perte. Dans ces deux cas le propriétaire peut la revendiquer pendant trois ans contre toute personne entre les mains de qui il la trouve. Passé ce délai le possesseur peut invoquer la prescription. Mais la loi ne considère pas que le simple abus de confiance dont est victime un propriétaire, puisse entraîner comme conséquence l'obligation, pour l'acquéreur, de prescrire la propriété de l'objet dont a abusé le dépositaire. La loi du 15 juin 1872 décide que « le propriétaire de titres au porteur, dépossédé par quelque événement que ce soit, peut se faire restituer, contre cette perte, dans la mesure et sur les conditions » qu'elle pose. Il doit faire au siège de la compagnie débitrice opposition au payement du capital et des intérêts dus. Le vol et l'abus de confiance s'appliquent à ces deux catégories de biens ; mais ils ne s'appliquent pas aux immeubles, qui par cela seul qu'ils ne peuvent être déplacés ne sont pas susceptibles de soustraction (177 et 408 du Code pénal). Pour les immeubles, devons-nous ajouter, la propriété ne se transfère que par un acte de disposition du propriétaire, à moins que le tiers qui prétend avoir acquis ce titre ne soit resté assez longtemps en possession pour avoir le droit de repousser la revendication du propriétaire, par la prescription de dix et vingt ans ou de trente ans. (2265, 2262.)

§ 8. — Ceci nous amène à parler d'une double différence, qui existe entre les meubles et les immeubles. A Rome nous avons trouvé, pour les meubles comme pour les immeubles, un débat au possessoire et un débat au pétitoire (1). Déjà, dans notre ancien droit, on n'admettait pas le débat au possessoire, en matière mobilière, sauf toutefois en matière d'université de meubles. En revanche, on admettait le débat au possessoire, en matière immobilière. Dans notre droit, il n'est pas possible, en matière mobilière, d'intenter une action possessoire à propos d'un meuble. Est-il possible de l'intenter en matière d'universalité de meuble? Il y a à cet égard controverse. C'est en argumentant du silence du Code, que les partisans de l'affirmative soutiennent que l'ancien droit a été maintenu; c'est avec ce point de départ que les partisans de la négative arrivent à dire que le silence du Code abroge l'ancien usage. Quoi qu'il en soit de cette discussion, nous devons constater que le débat au possessoire est, au contraire, admis en matière immobilière. Il est porté devant le juge de paix, le seul juge compétent, en première instance. Ce débat peut revêtir la forme de la complainte et de l'action en nouvelleté, contre tout acte attentatoire à la libre jouissance du possesseur, et la réintégrande, voie ouverte à celui qui a perdu la possession. Comme en matière d'interdit *utrubi*, triomphera celui qui a possédé le dernier pendant une année entière. (*Cod.*, pr., art. 23 à 27; et 3. § 2.) Le débat au possessoire n'est pas la seule ressource des plaideurs, en matière immobilière. Le procès perdu de ce chef, on peut intenter le débat au pétitoire, tant que la prescription ne s'est point accomplie. Ici nous devons noter qu'en matière mobilière, sauf le cas de perte, de vol, et le cas où le locateur revendique son gage déplacé, grâce à 2279, le pétitoire n'est pas plus possible que le possessoire.

(1) Aubry et Rau II, 121 à 136.

De cette règle exceptionnelle, nous avons dans l'ancien droit trouvé une explication. De cette différence entre les meubles et les immeubles quant à la prescription et à la revendication, Bourjon a posé les principes à la suite du Châtelet de Paris. C'est à peu près dans les mêmes termes que nous le retrouvons dans notre Code, et l'opinion de Pothier n'a pas été assez forte pour prévaloir auprès des rédacteurs. C'est qu'en effet le meuble, à cause de sa mobilité, ne peut pas être traité comme l'immeuble dont l'assiette est fixe. Combien est-il, à cause de cela, plus facile de connaître les transmissions dont est l'objet un immeuble qu'un meuble ! N'était-ce pas parce que le Châtelet reconnaissait que l'admission de la revendication en matière mobilière rendait le commerce bien difficile et jetait sur les transactions une grande gêne, qu'il repoussait une règle très juste en elle-même, le droit pour le propriétaire de ne perdre la propriété de son bien que de son consentement? Nous croyons devoir rattacher à l'influence de cette même idée la différence que l'article 69 de la loi du 22 frimaire an VII établit entre les meubles et les immeubles, quant aux droits qui frappent les mutations de propriété de meubles et d'immeubles. Si la loi espérait pouvoir frapper aussi certainement l'une que l'autre de ces mutations, si elle pensait qu'il lui devait être aussi facile de connaître l'aliénation d'un meuble, qu'il lui est loisible de saisir celle d'un immeuble, n'aurait-elle pas, dans une matière où le droit à payer est calculé d'après la valeur du bien transmis, établi un *quantum* égal, quelle que fût la nature du droit de propriété objet du contrat. Et cependant, ce n'est pas ce qu'elle fait. C'est dans un unique article, il est vrai, l'article 69, qu'elle fixe le *quantum* de ce droit, mais dans deux paragraphes différents. Dans l'un, le paragraphe 5, elle soumet à un droit proportionnel de 2 0/0 « les adjudications, ventes, reventes, cessions, etc..., et tous autres actes, soit civils, soit judiciaires, translatifs de propriété à titre onéreux de meubles, récoltes de l'année sur pied, coupes de bois-taillis,.... et autres objets mobiliers généralement quelconques..... » Dans le paragraphe 7, elle exige le payement d'un droit proportionnel de 4 0/0 pour toutes les adjudications ventes, reventes, cessions, rétrocessions et tous autres actes civils et judiciaires, translatifs de propriété ou d'usufruit, de biens immeubles à titre onéreux. » Dans le paragraphe 6, elle astreint au payement d'un droit proportionnel de2,50 0/0 « les donations entre vifs, en propriété ou usufruit de biens, meubles. » S'agit-il de « donations entre vifs en propriété ou usufruit de biens immeubles », le droit à payer est de 5 0/0 (§ 3). Les donations sont-elles faites à des parents en ligne directe, le droit proportion nel à payer est 1,25 0/0, si elles portent sur des meubles (§ 4); 2,50 0/0 si elles transfèrent la propriété ou l'usufruit de biens immeubles (§ 6). Qu'a voulu la loi? Diminuer le droit à payer partout où la fraude est rendue plus commode, à cause de la nature du bien transmis, afin de ne pas intéresser, par l'espoir d'un trop fort gain, les débiteurs de droits à user de la facilité avec laquelle ils peuvent céler l'acte qui donne naissance à la créance du Trésor. La dissimulation du contrat entraîne, au cas de découverte pour le coupable, l'obligation de payer, à titre de peine, le double du droit dû. Si, mis dans l'alternative d'avoir à payer un droit très lourd ou de ne se soustraire à son payement qu'en encourant la peine du double droit (38 et 39), l'acquéreur est à peu près certain de ne pas jouir de l'impunité (ce qui ne manquera pas d'arriver quand la mutation aura porté sur un immeuble), il préférera payer le droit et se mettre en règle avec la loi. Si, au contraire, il peut compter que l'impunité lui est à peu près assurée (c'est le cas quand l'acte soumis à la formalité de l'enregistrement est translatif de propriété mobilière), il voudra bien souvent courir la chance, alors que l'espérance de gagner ainsi une forte somme lui fait oublier la peine possible et l'engage à frauder. Cette lutte entre l'intérêt et le devoir n'est pas aussi vive, et disparaît même si le bénéfice à réaliser est beaucoup moindre. Peut-être n'est-ce pas uniquement ce point de vue qu'avait envisagé le législateur. Le meuble est un bien qui est fréquemment soumis à des mutations, l'immeuble reste beaucoup plus longtemps dans les mêmes mains ; il en résulte que si le meuble change deux fois de propriétaire pendant que l'immeuble n'est aliéné qu'une seule fois, le Trésor aura le droit de percevoir la même somme. En outre, les chances de mutation augmentent encore si le prix d'acquisition est moindre et l'imposition d'un trop fort droit sur les ventes de meubles pourrait être la cause d'un ralentissement dans les transactions. Ces considérations diverses ont pu influer sur l'esprit du législateur.

§ 9. — Le Code de commerce, après avoir dans l'article 631, paragraphe 3, posé le principe que les tribunaux de commerce connaîtront des contestations relatives aux actes de commerce entre toutes personnes, indique, dans les articles 632 et 633, ce qu'il entend par ces actes. Il ne donne pas une définition, mais une longue énumération que nous avons le droit de considérer comme complète, et de laquelle il résulte que ne constituent des actes de commerce que les opérations qui ont pour but de tirer produit et profit de l'aptitude des meubles à se prêter à un déplacement, à une transformation et à une active transmission. Toute opération qui facilite la circulation des meubles, constitue un acte de commerce. Rien au contraire de ce qui concerne la vente des immeubles, aucun des actes qui ont pour fin de tirer profit de leur valeur, n'est rangé par la loi dans cette catégorie d'opérations qui relèvent de la compétence des tribunaux de commerce. D'où il nous est permis de conclure que la loi ne considère pas comme un acte de commerce le fait d'acheter un immeuble, même pour le revendre, que dès lors, cet acte n'est pas de la compétence des tribunaux de commerce, et que les tribunaux civils peuvent seuls être saisis des contestations qui s'élèvent à cet égard. La raison de cette différence se trouve peut-être dans cette considération que si le législateur a cru qu'il ne pouvait y avoir que des avantages à faire juger par des commerçants les conventions pour lesquelles les usages du commerce font la loi, il a pensé qu'il fallait, en général, ne laisser trancher que par des magistrats bien au courant du droit civil les difficultés que soulèvent les questions de propriété immobilière. C'est encore là une des preuves de sa sollicitude pour les immeubles.

§ 10. — Nous avons dit que la loi reconnaît à certaines unions de personnes et de capitaux une personnalité. Ces personnes n'ont pas d'existence physique et tiennent uniquement de la loi le droit d'être. Celle-ci a pu leur conférer une capacité pleine et entière ou se montrer à leur égard moins favorable et ne leur reconnaître que le droit de faire un certain nombre d'actes qu'elle énumère. C'est surtout à l'égard de sociétés qui, dans l'esprit de leurs fondateurs doivent avoir une existence perpétuelle, que le législateur s'est montré peu prodigue de l'octroi de la pleine et entière capacité. C'est que ces sociétés, qui ne doivent jamais disparaître joignent à cet avantage celui non moins appréciable, qui est du reste la conséquence du premier, d'ajouter sans cesse de nouveaux éléments de fortune à ceux qu'elles possèdent et ne transmettent pas à cause de mort, puisqu'elles sont perpétuelles. Le législatenr français, qui poursuit la division de la propriété et sa transmission dans le plus grand nombre de mains, ne pouvait pas voir sans crainte apparaître des personnes qui, à cause même de leur raison d'être, devaient avoir pour résultat de déjouer ses calculs et d'arriver à reconstituer ces grands patrimoines fonciers, que l'on qualifie du nom de biens de mainmorte. Souvent il concède à des associations une personnalité restreinte et leur reconnaît la faculté d'acquérir toute espèce de biens à l'exception des immeubles. Pour n'en citer qu'un exemple tout récent, n'est-elle point une preuve de ce que nous avançons la loi que nos législateurs viennent de discuter sur les syndicats ouvriers français. N'est-ce point parce que les membres du Sénat étaient sous l'impression d'une idée de ce genre, qu'ils décidaient que les unions de syndicats ne pourraient point acquérir d'immeubles. Comment expliquer que l'on considère comme pouvant constituer un danger pour l'État ou la richesse publique l'acquisition d'immeubles par ces associations, alors qu'on envisage tout autrement la situation, si leur fortune, si considérable soit-elle, ne se compose que de meubles. Il faut bien reconnaître que si l'adage : *Mobilium vilis possessio*, n'est pas le guide unique du législateur, restreignant au droit d'acquérir des meubles la capacité de ces personnes morales, il exerce cependant une influence appréciable sur sa décision.

§ 11. — Il est enfin une dernière série d'articles, dans lesquels la loi montre ouvertement que toute sa sollicitude est portée sur la conservation des immeubles et qu'elle n'attache qu'une importance beaucoup moindre à la conservation des meubles. C'est ainsi que nous allons trouver une série d'articles dans lesquels elle s'occupe de régler les pouvoirs qui rentrent dans les fonctions des administrateurs d'un patrimoine. Nous verrons que si elle considère l'aliénation d'un immeuble comme un acte dont les conséquences sont trop graves pour qu'elle le laisse à sa complète discrétion, pour les meubles au contraire la loi n'en parle pour ainsi dire pas, et l'on est autorisée à raisonner à contrario de ce qu'elle dit pour les immeubles et à décider qu'elle range leur aliénation au nombre des actes que le pouvoir d'administrateur donne la capacité de faire. Ces articles règlent le droit de la femme séparée de biens, qui, quoique propriétaire, n'a que le pouvoir d'administration; les pouvoirs du mari chef de communauté sur les biens propres de sa femme, le droit des envoyés en possession provisoire sur le patrimoine laissé par l'absent, et les droits du tuteur sur les biens du mineur. Ces articles n'établissent certes pas une doctrine, mais de l'ensemble de leurs décisions, il est permis à l'interprète d'en établir une. Celle à laquelle nous arriverons n'est point, nous le savons, universellement admise, mais nous aurons à voir pour quelles raisons de très judicieux esprits en soutiennent une autre.

En contractant un mariage, la femme se voit enlever le droit de faire certains actes. Il lui est interdit par la loi de faire seule certains actes de la vie civile, et cela quel que soit le régime matrimonial qu'elle adopte quant aux biens. C'est ainsi que les articles 216 et 217 déclarent qu'elle ne peut ester en justice, donner, aliéner, hypothéquer, acquérir à titre gratuit ou onéreux sans le concours, le consentement du mari ou, à son défaut, celui de justice. En adoptant certains régimes matrimoniaux la femme abandonne une plus grande part encore de ses pouvoirs.

C'est ainsi que sous le régime de communauté elle ne peut administrer ses biens propres. Sous d'autres, au contraire, elle garde la libre, l'entière administration de ses biens meubles et immeubles (1449 et 1536). Mais de ses meubles elle n'a pas que l'administration. L'article 1449, 2°, consacre formellement au profit de la femme commune en biens qui a obtenu la séparation, le droit de disposer de son mobilier et de l'aliéner, tandis que, dans le même article, la loi décide que la femme ne peut aliéner ses immeubles sans le consentement du mari ou l'autorisation de justice (1449, 3°, 1538). « Dans aucun cas, ni à la faveur d'aucune stipulation, la femme ne peut aliéner ses immeubles sans le consentement du mari, ou, à son défaut, l'autorisation de justice. » Il y a dans ses décisions des articles 1449, 2°, et 1538 des dérogations à l'article 217; il faut cependant reconnaître que l'article 1526 détonne au milieu des autres articles en contenant la confirmation de cet article 217. Quelle est donc la raison de décider de la loi? c'est que la femme séparée reste femme mariée, il ne faut pas qu'elle puisse consentir à elle seule un acte assez grave pour compromettre l'avenir de la famille, qui n'a peut-être plus à compter que sur ses biens. Il faut un conseil pour la mettre à l'abri des erreurs que pourrait lui faire commettre son inexpérience. Aussi ne doit-elle faire seule aucun acte important.

Si la femme se marie sous le régime de communauté,

nous l'avons dit, le nombre des actes qu'elle peut faire est encore diminué. En effet, en vertu de l'article 1428, le mari a l'administraiion de tous les biens personnels de la femme. Il peut exercer seul toute les actions mobilières et les actions immobilières possesoires qui appartiennent à la femme.

Mais il ne peut aliéner les immeubles personnels de sa femme sans son consentement. Tout à l'heure nous avons trouvé un administrateur qui, joignant à son droit le titre de propriétaire, pouvait disposer de ses meubles ; c'était là chose logique, et l'interdiction du droit d'aliéner les immeubles se comprenait moins; ici, au contraire, nous nous trouvons en face d'un simple administrateur, qui ne peut aliéner les immeubles : nous devons déclarer la chose naturelle, car il n'est point propriétaire. C'est la contre-partie qui demande des explications (1). La faculté pour le mari d'aliéner les meubles propres de sa femme, vient heurter le principe qui veut qu'on ne puisse transférer plus de droits qu'on n'en a soi-même. N'étant pas propriétaire, le mari ne devait pas pouvoir disposer de la propiété. C'est pour cette raison que de nombreux interprètes des plus autorisés décident que le mari n'a pas plus le droit d'aliéner les meubles que les immeubles de sa femme. Il est évident qu'il ne s'agit point ici de contester au mari le droit de disposer des fruits des propres, puisqu'ils appartiennent à la communauté, ni de vendre les biens propres de sa femme susceptibles de dépérissement. Ce sont là actes d'administration. Ce qu'on lui conteste, c'est le droit de vendre les quelques meubles corporels qui ne rentrent dans aucune de ces classes et surtout les créances propres de la femme, encore

(1) Colmet de Santerre, VI, 71 bis. IX, et 163 bis.

faut-il qu'elles ne soient pas arrivées à échéance, auquel cas l'administrateur devrait toucher le capital et en donner quittance. Ceux qui dénient le droit du mari se prévalent de ce fait que le Code n'est point formel pour repousser l'argument à contrario tiré de l'article 1428 et réclamer le retour au droit commun qui est, que le propriétaire seul peut aliéner. Ce qui, malgré la force de ces raisons, nous engage à ne point admettre cette solution, c'est l'ensemble même de cet article dont il ne faut pas isoler les parties. Avec le système que nous repoussons on est obligé d'arriver à reconnaître que ce paragraphe 3 est au moins inutile. Ce n'est point notre avis. Après avoir fixé le principe de l'administration des propres par le mari, le Code établit une corrélation étroite entre le pouvoir d'aliénation et l'exercice des actions. N'a-t-il point le droit d'aliéner tel bien, le mari n'a pas le droit d'exercer les actions qui s'y réfèrent; a-t-il le droit d'exercer les actions, c'est qu'il a le droit de disposer du bien. C'est ainsi que nous comprenons que le Code, qui interdit au mari l'aliénation des immeubles de sa femme, ne lui donne pas l'exercice des actions immobilières pétitoires. C'est ainsi qu'il lui reconnaît, au contraire, l'exercice des actions possessoires alors que la communauté a la jouissance des propres, et c'est parce que la loi donne au mari l'exercice des actions mobilières que nous prétendons que le mari a le droit de disposer des meubles et spécialement des créances. Que sont ces actions mobilières? Ce sera bien rarement une revendication, il ne reste donc que les actions afin de poursuivre les débiteurs de la femme et les forcer à reconnaître et à acquitter leur dette. Le législateur a bien prévu que le cas était possible, où la femme aurait des créances propres; on ne peut donc pas dire qu'il n'a pas songé à cet événement assez rare en lui-même. S'il y a pensé, comment admettre qu'il aurait passé sous silence une question aussi importante que celle de savoir qui est capable de disposer des créances. Il y a bien songé, et il l'a à notre avis tranchée dans le sens que nous soutenons. Est-ce bien illogique? Qui donc oserait l'affirmer quand on sait combien peu les meubles sont importants aux yeux du législateur.

Du reste pourquoi refuser d'admettre que le législateur se soit cru le droit d'armer le mari qui a pour le contrôler la femme du titulaire du droit, toujours libre de demander une séparation de biens dès que les intérêts sont en périls, d'un pouvoir qu'il donne, comme nous le verrons, au tuteur sur le bien d'un mineur qui n'a pas la faculté de se défendre lui même. La vente consentie par le mari, la femme n'est pas complètement dépouillée de ses biens, car le mari, comme tout administrateur, doit au plus tard à l'expiration de son mandat rendre compte de ses actes de gestion, et la communauté et lui au besoin fourniront à la femme les capitaux nécessaires pour l'indemniser.

Les envoyés en possession provisoire doivent faire faire inventaire des meubles et le tribunal peut ordonner la vente de tout ou partie de ces biens. Les immeubles doivent être conservés et les envoyés peuvent même requérir une expertise, afin de faire déterminer leur valeur. Tous les biens meubles peuvent n'avoir pas été vendus, quels sont alors les droits des envoyés en possession sur ces meubles conservés? La loi ici encore est muette. Mais, comme plus haut, elle déclare que : « Tous ceux qui ne jouiront qu'en vertu de l'envoi provisoire, ne pourront aliéner, ni hypothéquer les immeubles de l'absent. » C'est absolument la même façon de trancher la question. Il est vrai qu'ici le nombre des auteurs qui contestent aux envoyés le droit d'aliéner les meubles est plus restreint. Quelques-uns font défection. La raison, c'est que si l'envoyé n'est pas un propriétaire, il est en voie de le devenir. D'ailleurs n'a-t-il pas le droit de jouir et de faire siens, sinon tous les revenus, du moins une forte quote part des revenus des biens de l'absent ? En outre est-il bien sûr que l'absent reviendra? ne peut-on pas excuser l'envoyé de disposer des meubles comme un propriétaire.

En matière de tutelle aussi, la loi établit une distinction entre les meubles et les immeubles. Le tuteur, en entrant en fonctions, doit faire inventaire de tous les biens. Quels sont ces droits de disposition ? Les articles 45 et 64 nous répondent. Le tuteur ne peut aliéner, ni hypothéquer les biens immeubles du mineur, sans y être autorisé par le conseil de famille. « Aucun tuteur ne pourra introduire en justice une action relative aux droits immobiliers du mineur, ni acquiescer à une demande relative aux mêmes droits, sans l'autorisation du conseil de famille. » Ainsi le tuteur ne peut rien faire à lui seul, en ce qui concerne les immeubles, si ce n'est en ce qui a rapport à l'administration. Quels sont, au contraire, ses droits en matière mobilière, ou plutôt quels étaient-ils ? L'article 452 dit que le tuteur doit faire vendre, en entrant en fonctions, tous les meubles, sauf ceux que le conseil de famille l'autorise à conserver en nature. Sur ces biens, quels sont les droits que lui donne la loi ? peut-il en disposer? ou doit-il les garder? Sur ces points on s'accorde généralement à reconnaître que le tuteur peut disposer de ces biens, que le conseil n'a fait que lui conférer le droit de les garder: ce sont des meubles qui peuvent dépérir. Pour l'exercice des actions mobilières, on est aussi d'accord pour décider que l'article 464 les passant sous silence, les range dans la catégorie des actes que le tuteur peut accomplir seul. Que faut-il décider pour les meubles incorporels? sont-ils soumis à la règle ordinaire ? Ce sont des créances, arrivées à échéance, le tuteur doit en toucher le capital, mais en outre, pour nous, elles constituent des meubles dont le tuteur avait le droit de disposer en vertu du Code (1). Aujourd'hui elles sont régies par des règles spéciales, que nous étudierons plus tard.

Dans ces trois derniers cas, tout le monde est d'accord pour reconnaître que l'administrateur qui a aliéné a, dans un grand nombre de cas, privé celui pour qui il administre, de la propriété du meuble. Cela se produira toutes les fois que, par le jeu d'autres règles, le tiers acquéreur pourra repousser la revendication. Sous ce rapport, il y aurait donc encore une différence entre les meubles et les immeubles, en ce sens que l'acquéreur d'un immeuble reste toujours soumis à la revendication, quand la vente lui a été consentie *a non domino*.

Faut-il s'étonner que le législateur ait admis ces conséquences? L'administration entraîne, nous l'avons dit, comme corollaire la possibilité, l'obligation pour l'administrateur de vendre au moins certains meubles. Ce sont les fruits, les récoltes, dont la destination est d'être convertie en sommes d'argent, ce sont les animaux, qui peuvent dépérir et perdre de leur valeur, en restant plus longtemps atttachés à l'exploitation. Si la loi reconnaît aux administrateurs le pouvoir de consentir toutes les aliénations de meubles qui rentrent dans l'administration, elle donne, par là, aux tiers, le droit

(1) Cassation, 4 août 73. — Devilleneuve, 73, 1, 441.

de traiter avec lui. Dès lors, le tiers sur le point de contracter avec l'administrateur, et voulant être certain de se trouver d'accord avec la loi, aura-t-il besoin de demander à ce dernier des détails sur les conditions de sa gestion. Va-t-il falloir que l'administrateur dévoile les embarras momentanés du patrimoine qui lui est confié ? L'acte qu'il fait peut être très utile, ce peut être un véritable acte d'administration. Un immeuble a besoin d'une réparation importante, il faut, pour faire de l'argent, vendre un meuble qui ne rentre pas dans la catégorie de ceux que tout le monde reconnaît comme fruits, ou susceptibles de dépérissement ; le représentant, l'administrateur peut-il le vendre, et a-t-il besoin de dévoiler les raisons pour lesquelles il veut le vendre et de démontrer la pénurie du patrimoine ; ce serait, je crois, rendre souvent un bien mauvais service au représenté. Si la loi n'a point formellement interdit ces actes à l'administrateur, si, comme pour la vente des immeubles, elle n'a pas fixé le pouvoir qui doit l'habiliter, s'il peut se présenter tel événement où la vente d'un meuble sera forcée, faut-il dire que le meuble restera inaliénable ? Ce serait un résultat assez mal en rapport avec l'idée du peu d'importance des meubles que le législateur ne parvient pas à cacher complètement. C'est d'ailleurs si bien avec intention qu'il passe sous silence l'incapacité de l'administrateur, en matière de vente de meuble que, quand il veut lui interdire ce pouvoir, il prend le soin de le dire. N'est-ce point ce que prouve l'article 805 ? A propos des pouvoirs de l'héritier bénéficiaire, la loi a le soin de décider qu'il ne peut aliéner à sa guise les meubles et qu'il devra faire intervenir un officier public.

Voilà les principaux intérêts pratiques de la distinction. Maintenant il nous reste à examiner la portée de l'article 1010. « Le legs à titre universel est celui par lequel le testateur lègue une quote part de ses biens, ou tous ses immeubles, ou tous ses meubles, ou une quotité fixe de tous ses immeubles et de tout son mobilier. » Si le legs universel est celui-là seul qui contient vocation au patrimoine tout entier du disposant, n'est-il pas évident que cette partie de l'article 1010 n'a d'utilité que si on le rapproche d'une conséquence du droit antérieur? L'ancien droit faisant des différentes catégories de bien du *de cujus,* non pas des fractions distinctes d'un même patrimoine, mais autant de patrimoines, celui qui recueillait tous les meubles, ou tous les immeubles, était un successeur universel. Notre droit proclamant le principe de l'unité du patrimoine, les rédacteurs du Code ont tenu à faire disparaître une cause possible de controverse.

Nous connaissons désormais quels biens sont meubles, quels autres sont immeubles, les conséquences de la classification d'un bien dans une catégorie plutôt que dans l'autre, il nous faut apprécier l'œuvre du législateur de 1804.

APPRÉCIATION DE L'ŒUVRE DU LÉGISLATEUR

Déjà dans le cours de nos explications précédentes, nous avons laissé entrevoir notre pensée, mais nous ne pouvions pas la formuler avec autant de force et de netteté qu'au moment où nous comprenons complètement le rôle de chaque classe de biens. La division des biens en meubles et immeubles avec les conséquences pratiques qui y sont attachées ne répond pas à la véritable importance économique de chaque bien. Autant dans l'ancien droit, à une époque où les meubles étaient si peu nombreux que l'on pouvait avec un grand fonds de vérité et de raison dire que les immeubles étaient tout et les meubles rien, il était logique de considérer les meubles comme indignes de la sollicitude du législateur, autant avec une idée semblable pour guide, la législation actuelle répondrait mal aux besoins réels. Les immeubles ont beaucoup perdu de leur importance quant à leur nombre et quant à leur valeur intrinsèque depuis la chute de l'ancien régime.

Les meubles ont gagné en valeur ce que les immeubles ont perdu. La même proportion n'existe plus, elle a fait place à une sorte d'équilibre. Du reste n'est-ce pas Treilhard lui même qui le constate dans les travaux préparatoires, dans son propre rapport sur la division des biens (1). « On n'a pas dû attacher autant d'importance à une portion de terre, autrefois patrimoine unique des citoyens, et qui aujourd'hui ne forme peut-être pas la moitié de leur fortune. Ainsi ont disparu les affectations de biens aux familles, sous la désignation de propres anciens et de retrait lignager, et les transactions entre les citoyens, comme le droit des successions, se trouvent bien moins compliquées. » Certes c'était là un progrès que la suppression du système des propres ; mais était-il suffisant alors que l'on essayait de ne prendre comme guide, dans la formation du groupe des biens immeubles, que la nature immeuble de l'objet du droit ; alors que les rentes sur les particuliers, les villes et l'État, demeuraient meubles ; alors que, par l'admission du prêt à intérêt, on allait donner naissance à un grand nombre de droits mobiliers; alors que l'on reconnaissait que la facilité des communications donnait au commerce et à l'industrie un développement considé-

(1) Fenet, XI, p. 34.

rable, dont profitait seule la valeur de la fortune mobilière? Il nous est permis d'en douter Mais peut-on bien faire un grand reproche aux rédacteurs du Code de n'avoir pas davantage mis les règles du droit en conformité avec l'état nouveau, du droit, au prix d'un plus grand nombre d'innovations, de s'être trop imposé, comme règle de conduite, le respect du droit ancien, en tant qu'il n'avait rien de contraire aux nouvelles institutions civiles et politiques, alors qu'il a fallu près de quatre-vingts ans à leurs successeurs pour trouver le temps de commencer à donner satisfaction aux nombreuses revendications qui se produisaient, et qu'un économiste célèbre exprimait avec tant d'ardeur, il y a plus de quarante ans? « Le tuteur ne peut vendre l'immeuble du mineur, sans observer des règles et des formalités bien nombreuses, bien longues et bien coûteuses. La fortune du mineur est-elle, au contraire, composée de biens meubles, toutes ces précautions disparaissent, le tuteur gère à son gré ; la confiance du législateur est presque illimitée. Il est cependant plus facile de vendre des meubles que des immeubles. L'opération peut être clandestine, instantanée. Il suffit de quelques minutes à la Bourse, même au café Tortoni, pour transformer en billets de banque un riche patrimoine. Preuve nouvelle que le législateur n'a guère pensé qu'aux immeubles et à leurs revenus. Il a été loin de prévoir l'importance actuelle de la fortune mobilière. Mais que dire des interprètes de nos jours qui ne l'aperçoivent pas encore, bien qu'elle frappe désormais les yeux de tout le monde, ou qui demandent avec dédain: qu'est-ce que cela prouve(1)? » D'ailleurs, il faut le reconnaître à la décharge

(1) Rossi, *Observations sur le droit civil français*; — *Revue de législation*, XI, p. 11 (année 1840).

des rédacteurs du Code, si importante que fût déjà à leur époque la fortune mobilière, elle ne faisait pas encore soupçonner ce qu'elle allait devenir. Pouvaient-ils supposer, que le développement du commerce et de l'industrie allait aboutir à la constitution d'exploitations puissantes, que peu de patrimoines étaient capables d'alimenter à raison même des règles de successions, et que ces industries devaient demander à beaucoup ces immenses capitaux qu'un seul ne pouvait leur donner ? Était-ce avec les exemples de l'ancien droit sous les yeux que l'on devait comprendre cette transformation économique ? Ce serait donc se montrer injustement sévère à leur égard que leur reprocher ce défaut de clairvoyance qui les a empêchés de mettre la loi d'accord avec les besoins actuels.

Ce que nous devons constater, c'est que les parties intéressées n'ont pas attendu longtemps pour mettre à l'abri des conséquences qu'elles considéraient comme désastreuses, leur fortune mobilière. La doctrine et la jurisprudence se sont, de leur côté, efforcées de mettre la loi en rapport avec le fait économique. Elles n'y sont pas suffisamment parvenues, et malgré l'intervention du législateur lui-même il reste encore du chemin à parcourir. Il nous reste cependant à montrer à quel point ces efforts réunis ont modifié le Code.

RÉACTION CONTRE LES DÉCISIONS DU CODE EN CE QUI CONCERNE LA DISTINCTION DES BIENS EN MEUBLES ET IMMEUBLES.

§ 1. — C'est principalement en pratique que la réaction devait se produire. Cela est naturel, les parties devaient les premières, connaissant les inconvénients qui ne se manifestent au dehors qu'à leur dépens, essayer de se soustraire, autant qu'il était en leur pouvoir, à ce qu'avait d'excessif le système légal. Il est peu de matières où la liberté des contractants ait pu aussi librement se mouvoir en ce sens qu'en matière de conventions matrimoniales et surtout de communauté. La loi avait considéré la communauté légale comme devant être un régime commun, général, cela à cause de la forme qui lui était donnée, des effets qu'elle produisait, forme et effets qui, dans l'idée du législateur, répondaient le mieux au besoin des époux. Les faits ont montré que là était l'erreur. Il est certain que la communauté légale est un régime auquel se soustraient la plupart des époux, et l'on peut dire que ne sont soumis à ce régime que les biens des époux qui n'ont pas fait de contrat. L'exemple est rare de ceux qui rédigent un contrat pour se référer au régime de communauté légale. Les autres usent de la faculté qui leur a été reconnue, d'écarter plus ou moins à leur gré et suivant leurs besoins ce régime. D'autres, et c'est le plus grand nombre, ne laissent tomber en communauté que les revenus de leurs propres et les acquêts ; ils adoptent la communauté d'acquêts. C'est même en s'appuyant sur ce fait incontestable, que le régime de communauté est presque toujours ou écarté ou modifié, que les interprètes du Code qui soutiennent que le mari n'a pas, en vertu de son pouvoir d'administration, le droit d'aliéner les meubles propres de sa femme, affirment que décider le contraire, c'est violer la loi, mais surtout déjouer les espérances de la femme, qui, entendant soustraire à l'action absolue de son mari les biens meubles qu'elle s'est formellement réservés comme propres, ne croyait pas n'avoir, pour tout droit, que la certitude de pouvoir obtenir à la dissolution une somme d'argent.

§ 2. — C'est aussi en matière de régimes matrimoniaux que s'est exercée l'action de la jurisprudence et de la doctrine. C'est sur le terrain de la protection des droits de la famille que se sont surtout portés les efforts.

Nous avons dit à propos de la délimitation que pose la loi à l'égard des actes que peut faire l'administrateur, que la femme séparée de biens reprenait la libre administration de son patrimoine et pouvait aliéner ses meubles. Cette disposition ne comporte pas de distinction. C'est donc la reconnaissance, au profit de la femme, du droit de disposer, aliéner à titre onéreux le mobilier incorporel, rentes, actions dans les compagnies de finances et d'industrie, créances, comme le mobilier corporel, chevaux, meubles meublants, argenteric, tableaux, bijoux. Cette liberté donnée à la femme a paru dangereuse. Il est certain qu'il est tel cas où un pareil pouvoir reconnu à la femme est l'attribution du droit de se ruiner, à une époque où la fortune mobilière est si importante. Aussi a-t-on essayé de réagir et de trouver un moyen de le restreindre (1) dans l'intérêt même de la famille et de la femme dont la fortune est peut-être la dernière ressource. On est parti de l'idée que la loi, dans l'article 217, pose le principe général sur la capacité de la femme mariée. Or cet article décide que la femme est incapable d'aliéner sous quelque régime que ce soit sans l'autorisation du mari. A ce principe l'article 1449 ne déroge pas. De quoi traite-t-il quand il déclare la femme capable d'aliéner ses meubles? Uniquement de l'administration. La femme est séparée de biens, la com-

(1) M. Colmet de Santerre, VI, 101 bis, VIII. — Aubry et Rau, V, 402.

munauté n'existe plus, ou n'a jamais existé : le mari ne peut donc pas avoir la faculté de gérer un patrimoine sur lequel il n'a pas de droits ; il faut donc que ce soit la femme, le propriétaire, qui, ayant en même temps le droit de jouir de ses biens, administre elle-même son patrimoine. Dès lors, elle peut faire les actes d'administration, et dans ces actes rentrent nécessairement ces opérations de la vie journalière qui consistent à transformer en argent des fruits de la terre, les récoltes, à se débarrasser de ces biens qui ne peuvent que se détériorer à la longue. Faire pour toute cette série d'actes intervenir l'autorisation du mari, c'est rendre bien vain le droit de la femme et imposer de bien grands retards. Il était donc indispensable que pour lever les doutes, que l'interprétation trop étroite de l'article 217 aurait pu faire naître, la loi, reconnaissant à la femme séparée le droit d'administrer ses biens, lui concédât formellement le droit de disposer de ces meubles, dont l'aliénation est un acte nécessaire d'administration. C'est là toute la portée du second alinéa de 1449. Dès lors chaque fois que la femme essayera de consentir seule un acte d'aliénation de meubles sans avoir pour la justifier le besoin de l'administration, elle outrepassera ses pouvoirs. La conséquence de cette interdiction n'est pas tellement grave ; si l'acte que veut faire la femme est utile, n'a-t-elle pas son mari, qui ne manquera pas de l'autoriser, et d'ailleurs la justice est là. Ces actes ne seront pas tellement nombreux, que la nécessité de recourir à une autorisation apporte une gêne considérable à son administration. En admettant même que le résultat soit de rendre ces aliénations rares, faudrait-il s'en plaindre ? Toute la famille, y compris même la femme, n'a-t-elle point plus à gagner qu'à perdre par la conservation du bien ? Il est vrai qu'en raisonnant ainsi on oublie ou plutôt l'on sait trop bien que le second alinéa de 1449, qui reconnaît à la femme le pouvoir d'aliéner ses meubles, n'aurait aucune portée pas plus que le suivant, si l'article n'apportait pas une dérogation à l'article 217. N'est-il pas évident que si la femme a le droit d'administrer son patrimoine, elle a le droit de faire tous les actes d'aliénation que nécessite cette administration. La loi n'a-t-elle point eu raison de donner une formule générale ? La vente de tel meuble incorporel, pour en employer le prix en acquisition d'ustensiles, n'est-il pas plntôt un acte d'administration que l'aliénation de certains fruits qui, conservés, auraient été plus tard convertis en semences ou engrais? Et cependant ces actes, la femme a le droit de les faire mal, pourquoi n'aurait-elle pas le droit de consentir à propos un acte utile. Du reste ici comme en matière d'administration, par un non-propriétaire, une vente que nos adversaires rangent à priori dans les actes d'administration, peut n'être qu'un pur acte de dilapidation, et une vente qu'on interdit à la femme peut être un véritable acte de bonne gestion. Quoi qu'il en soit, des arrêts ont décidé que la femme n'avait pas le droit d'aliéner un meuble quand l'opération ne constituait pas un acte d'administration. Qu'en résultera-t-il ? C'est que les tiers éviteront de traiter avec la femme séparée pour les actes qui peuvent avoir un caractère douteux. C'est ce qu'on veut ; et tant mieux, dit-on, si le but est atteint, on ne se demande pas ce que coûte ce triomphe et à la femme et à la loi. Ne faut-il pas donner à la famille une protection conforme à la valeur des meubles.

C'est une même idée de réaction contre le peu d'importance que la loi reconnaît aux meubles, qui a fait introduire la question de l'inaliénabilité de la dot mobilière. L'article 1554 du Code déclare que « les meubles constitués en dot ne peuvent être aliénés, ni hypothéqués pendant le mariage (1). » Le Code ne dit rien des meubles ; que faut-il décider ? Le droit romain classique n'a jamais connu l'inaliénabilité de la dot mobilière ; ne faut-il pas admettre que le silence du Code s'explique par ce fait qu'il n'entend pas établir l'uniformité là où le droit romain distinguait ? Cette absence de garantie de conservation des meubles n'a, du reste, rien qui doive nous surprendre. Mais nous savons qu'en fait la dot mobilière peut être au moins aussi importante que la dot immobilière. Nous comprenons donc qu'on ait tenté d'assurer à la femme, à l'égard de ces biens, la garantie que la loi permet à sa famille de lui donner contre elle-même en matière de dot immobilière et qui consiste à lui enlever la faculté d'aliéner ses immeubles. C'est ainsi que nous trouvons logique qu'on ait désiré rendre la dot mobilière inaliénable. Mais dans quelle mesure pouvait-on le faire ? Ce qui est certain, c'est que dans le cas où la dot mobilière ne se compose que d'une somme d'argent ou d'autres choses fongibles, sur lesquelles le droit de l'usufruitier ne peut s'exercer qu'à la condition de se transformer en droit de propriété sur les objets eux-mêmes et d'en entamer l'aliénation en donnant naissance, au profit du propriétaire, à une créance en restitution, il ne peut être question de rendre le mari incapable d'aliéner la dot mobilière. En outre, en vertu de l'article 1549, le mari a l'administration des biens dotaux. Or, d'accord avec nous sur ce point seulement, en

(1) Aubry et Rau, V, § 537 bis, et page 599, note 6. — Sirey, 37, 1, 97. — Sirey, 41, 2, 241. — M. Colmet de Santerre, VI, 233.

matière de pouvoir d'administrateur, la jurisprudence reconnaît que le mari, en vertu de cet article, a le droit de disposer des meubles et d'aliéner les créances de la femme. Mais comme le mari n'est qu'administrateur, il est comptable envers le propriétaire, sa femme, et du jour où il consent une aliénation et en touche le prix, il fait naître au profit de celle-ci une créance garantie par l'hypothèque. Avant l'aliénation, il était envers la femme débiteur de la restitution de l'objet reçu. Ce sont ces créances que la femme n'aura pas le droit d'aliéner, que le créancier n'aurait pas le droit de faire vendre pour se payer. Ce résultat n'est peut-être pas bien conforme au vœu du législateur. Les arguments juridiques qu'invoque la jurisprudence sont les suivants : les parlements de droit écrit donnaient cette solution. C'est là une affirmation trop générale qui n'est absolument conforme à la vérité qu'en ce qui concerne le parlement de Bordeaux. Peut-on admettre que le Code ait pris un régime dotal aussi peu d'accord avec les règles qu'il pose sur l'aliénation des meubles ? Oui. Car le Code dit formellement (art. 1543) « que la dot ne peut être ni constituée, ni augmentée pendant le mariage. » La dot : on n'ajoute rien, c'est donc aussi bien la dot mobilière que la dot immobilière. Or quel est le but de cette interdiction ? N'est-ce point uniquement de garantir les tiers contre les dangers d'une inaliénabilité qui ne frapperait les biens qu'à une époque où il leur serait impossible de découvrir à la lecture du contrat le caractère d'indisponibilité qui s'oppose à l'aliénation du bien dotal; or si l'on ne veut pas en raison de ce danger que la dot quelle qu'elle soit ne vienne à être augmentée pendant le mariage, n'est-ce pas parce que la dot mobilière est inaliénable tout comme la dot immobilière ? Non, car il ne faut pas attacher à ce mot plus de sens qu'il n'en a. Ce n'est pas lui qui pose le principe de l'inaliénabilité et il serait imprudent de tirer d'un article dont la portée est différente, une conséquence que n'énonce pas celui-là seul qui parle d'inaliénabilité et cet article, c'est l'article 1554 qui ne vise expressément que les « immeubles constitués en dot. » Le second argument tiré de l'article 83 du Code de procédure qui exige la communication au ministère public de toutes les causes qui intéressent la dot de la femme, ne porte pas. Cet article exige la même formalité pour tous les procès qui intéressent les biens des incapables. Il n'est pas plus logique de dire que la dot mobilière est inaliénable parce qu'elle est soumise aux mêmes formalités que la dot immobilière, qu'il ne le serait d'argumenter de cette même nécessité de communication à l'inaliénabilité des biens de mineurs pour lesquels l'article 83 exige la même formalité. Enfin que dire de l'argument tiré de la loi du 25 mars 1855, article 9, alors qu'il est avéré, qu'il est avoué par les auteurs mêmes de la loi que cet article n'a reçu cette formule que dans le but de laisser entière la controverse sur la dot mobilière de la femme? Que faut-il dire? Qu'il y a là une tentative dont les résultats sont peut-être regrettables. C'est qu'en effet cette conséquence ne reposant que sur l'interprétation que certains magistrats donnent des textes, il en peut résulter des surprises pour les familles, qui se croiraient le droit de compter sur ces décisions comme sur un texte de loi. Un changement de jurisprudence peut toujours être à craindre et le jour où il se produira, il entraînera des effets d'autant plus graves, qu'apparaissant à propos de textes de lois depuis longtemps obligatoires, il frappera les contrats antérieurs et que la garantie de la non-rétroactivité de la loi qui s'impose si souvent au législateur, ne viendra rien pallier. C'est peut-être cette considération qui engage la jurisprudence à persévérer dans la voie ouverte, jusqu'au jour où une loi nouvelle viendra donner satisfaction aux nombreux intérêts en souffrance.

§ 3. — Mais nous l'avons dit, la législation a dû elle-même entrer d'une façon remarquable dans cette voie de la réaction entre les conséquences exorbitantes des règles du Code en matière de distinction des biens en meubles et immeubles. On reconnut vite qu'il existait des biens qui avaient les mêmes caractères de valeur que les immeubles fonciers, qui, comme eux, présentaient une garantie de stabilité de valeur, et pouvaient facilement être soustraits aux règles des meubles incorporels. D'ailleurs en agissant ainsi, on augmentait le nombre des personnes qui allaient désirer acquérir de ces biens, qu'il fallait entourer du plus grand crédit possible. C'est ainsi que presque au lendemain de la promulgation du Code, un décret du 16 janvier 1808 (art. 7) décidait que « les actionnaires (propriétaires d'actions de la Banque de France) qui voudraient donner à leurs actions la qualité d'immeubles, en auraient la faculté, et dans ce cas, ils en feront la déclaration dans la forme prescrite pour les transferts. Cette déclaration, une fois inscrite sur le registre les actions immobilisées, resteront soumises au Code civil et aux lois de privilège et d'hypothèque comme les propriétés foncières : elles ne pourront être aliénées, et les privilèges et hypothèques être purgés qu'en se conformant au Code civil et aux lois relatives aux privilèges et hypothèques sur la propriété foncière. » Le décret du 16 mars 1810, art. 13, étendait ce droit aux propriétaires d'actions des compagnies des canaux d'Orléans et du Loing, en les assimilant aux actions de la Banque de France à cet égard. Ainsi, comme conséquence de ces deux actes législatifs, deux catégories de biens qui, aux termes mêmes de l'article 529 du Code, sont meubles par détermination de la loi, se trouvent élevées au rang d'immeubles. Ces actes créent, en effet, une quatrième classe d'immeubles : les immeubles par permission de la loi. Ce sont si bien des immeubles de tous points, du jour où le propriétaire a fait la déclaration de sa volonté, qu'ils vont être susceptibles d'hypothèque, de privilège, qu'ils ne pourront perdre cette qualité qu'après avoir été l'objet d'une purge comme les immeubles. C'est là une innovation importante qui a pour conséquence de faire traiter comme immeubles des biens qui avaient autant le droit d'être déclarés tels que les rentes constituées de l'ancien droit.

Peut-être est-ce cependant en matière de tutelle que le législateur a exercé surtout son action. Au lendemain de la confection du Code, on comprit la nécessité de restreindre les pouvoirs du tuteur sur certains biens du mineur. On avait remarqué qu'il était investi de pouvoirs en vertu desquels dans bien des cas, il allait avoir la faculté de dilapider la fortune de l'incapable. Une loi du 24 mars 1806 décida formellement que « les inscriptions au-dessus de 50 francs de rente ne pourraient être vendues par le tuteur au curateur qu'avec l'autorisation du conseil de famille et suivant le cours légalement constaté. » C'est là l'article 3 de la loi, les deux premiers maintiennent au tuteur le droit d'aliéner la rente dont le montant est inférieur. Un autre décret du 23 septembre 1813 impose cette même obligation au tuteur du mineur qui a plus d'une action de la Banque ou assez de fractions d'actions pour posséder la valeur de plus d'une action. N'était-ce point la reconnaissance formelle de ce qu'avait d'excessif le droit pour le tuteur d'aliéner les meubles incorporels du mineur? N'est-ce pas parce qu'on avait compris que dans ce droit du tuteur de disposer à son gré de ces biens considérables, propriété du mineur, se trouvait un danger pour ce dernier, qu'on donnait cette décision?

Il y avait là un point de départ; on fut longtemps avant de pousser plus loin l'idée que les rentes valaient les immeubles. Cependant la loi de finances du 2 juillet 1862 tranchait une difficulté qui existait sur la question de savoir si le tuteur avait le droit de faire emploi des deniers du mineur en rentes sur l'État. Cette loi décida formellement que le fonds 3 0/0 pouvait, à défaut de clause contraire, servir pour l'emploi des sommes d'argent des mineurs ou des femmes dotales. La loi de finances du 16 septembre 1871 posa, en termes absolument généraux, le principe de l'équivalence à cet égard des rentes sur l'Etat et des immeubles, dans son article 29. « Les sommes dont le placement ou le remploi en immeubles est prescrit ou autorisé par la loi, un jugement, un contrat ou une disposition à titre gratuit, entre vifs ou testamentaire, peuvent, à moins de clause contraire, être employées en rentes françaises de toute nature. » Les parties doivent à cet effet, requérir l'inscription de l'affectation sur le Grand-Livre. Le mineur se trouve ainsi protégé efficacement, quand l'inscription est égale à cinquante francs de rente.

Il restait encore une lacune à combler en matière de tutelle. C'est la loi du 27 février 1880 qui devait essayer de le faire (1). Cette loi devait éviter de tomber dans

(1) M. Colmet de Santerre. — Demante, II, 220 bis A à O. — Explication de la loi du 27 février 1880, par M. Bressolles.

l'excès contraire, et se garder, sous prétexte de réaction, de trop entraver l'action du tuteur. Son œuvre se concentre uniquement sur les meubles incorporels : article 7 : « Le tuteur ne pourra aliéner sans y être autorisé préalablement par le conseil de famille, les rentes, actions, parts d'intérêts, obligations et autres meubles incorporels quelconques, appartenant au mineur ou à l'interdit. »

Dans son article 2, la loi décide que l'homologation du tribunal sera nécessaire si le conseil apprécie que la valeur des meubles incorporels est supérieure à 1500 francs. Mais il faut enlever au tuteur la faculté de se soustraire à cette obligation, ce qui lui serait possible si les meubles incorporels avaient la forme de titres au porteur. Aussi (art. 5) impose-t-on au tuteur l'obligation de convertir en titres nominatifs les titres au porteur, ce qui est possible pour tous les titres de sociétés françaises, puisqu'une loi de finances (du 23 juin 1857, art. 8) a exigé que toutes les compagnies aient à leur siège social un registre destiné à recevoir les déclarations de porteurs de titres qui désirent cette transformation. Pour les sociétés étrangères, si la concession ne peut se faire, le conseil est libre, ou de les faire vendre et employer en titres qu'il désigne, ou de faire déposer les titres dans les caisses d'une société qu'il choisit lui-même. Depuis longtemps cette loi était réclamée, elle est enfin venue donner satisfaction aux plus légitimes revendications. Tout au plus peut-on regretter qu'elle n'ait pas une portée plus générale et qu'elle ne s'applique pas à tous les administrateurs.

L'admission des majorats avait donné une nouvelle importance aux rentes sur l'État, qui, affectées à une donation, devenaient immeubles, mais inaliénables. La suppression de la faculté de créer des majorats, la disparition de ceux qui avaient été constitués à l'aide de biens des particuliers, a effacé cette nouvelle supériorité de certains biens immobilisés.

Une loi qu'il faut considérer comme une réaction importante contre l'une des conséquences de la distinction, c'est la loi du 10 décembre 1874, qui rend les navires dont la jauge est supérieure à celle de vingt tonneaux, susceptibles d'hypothèque, et règle les conditions d'exercice d'inscription et de purge de ce droit.

Il ne faut pas oublier que le Sénat est actuellement saisi d'un projet de loi, dont la promulgation aurait pour effet de proportionner les frais de vente sur saisie immobilière à la valeur réelle des biens. On s'inspire en cette matière de la pratique des officiers ministériels de Paris, qui se refusaient à entamer une procédure de ce genre, si les biens à réaliser ne paraissaient pas à priori devoir donner une somme de 1,000 francs. Le Sénat voudrait voir diminuer les frais pour les ventes d'immeubles qui à priori ne paraissent pas devoir donner une somme de 1,500 francs.

Conclusion. —Ainsi, nous le voyons, la distinction des biens en meubles et immeubles est dans notre droit une distinction importante. Elle est générale et elle est féconde en intérêts pratiques. Si l'on a su éviter de lui donner autant que dans l'ancien droit un caractère artificiel, nous devons constater que l'on n'est point arrivé à la soustraire complètement à ce défaut. Nous devons formuler encore d'autres critiques. Il est regrettable que dans le droit moderne on ait maintenu aux immeubles un rôle aussi prépondérant et qu'on ait dépouillé la fortune mobilière de la plupart des garanties de conservation qu'on accordait à l'élément immobilier du patrimoine. Ce qui est certain, c'est qu'après l'opinion publique le législateur s'est ému, et nous pouvons espérer qu'il achèvera de faire disparaître ce qu'a d'excessif la vieille formule : *Mobilium vilis possessio*. Quand ce résultat sera acquis la distinction perdra complètement le caractère artificiel qu'on est obligé de lui imprimer dans certains cas. La loi de 1880 sur les tutelles montre qu'il est possible de protéger efficacement les meubles importants. La loi de 1806 sur les rentes l'avait déjà fait comprendre. Il en résultera que la distinction réduite à être plus conforme à la nature des biens perdra une partie de ses intérêts pratiques, mais elle gardera toujours ceux que lui impose l'essence même des choses. Toujours il faudra pour des biens qui n'ont pas d'assiette fixe, des règles différentes de celles qu'on applique à un bien dont la nature est d'être immobile et sans cesse en relation avec le même lieu. C'est sur ce terrain que se cantonnera de plus en plus la distinction. Les meubles continueront en effet à avoir autant que les immeubles une importance considérable dans la composition des fortunes, et aucune de ces deux catégories ne pourra être à priori sacrifiée par le législateur.

POSITIONS

DROIT ROMAIN

I. — Les Romains ont toujours connu la propriété immobilière privée.

II. — Le propriétaire qui employait la violence pour repousser le possesseur de son immeuble n'était pas coupable.

III. — Le propriétaire pouvait se faire restituer *manu militari*.

IV. — Justinien (*Inst.*, II, 3, § 4) ne veut pas dire que par pactes et stipulations on peut constituer les servitudes comme droits réels.

DROIT FRANÇAIS

I. — L'hypothèque est un droit immobilier.

II. — Le remploi ne peut pas être fait par anticipation.

III. — La femme séparée peut librement aliéner ses meubles à titre onéreux.

IV. — Le possesseur d'un meuble n'a pas besoin de prouver sa bonne foi pour repousser la demande du propriétaire dépossédé.

V. — Ce n'est pas la dissolution de la société qui transforme en droit immobilier le droit de l'associé.

VI. — La créance du propriétaire contre un entrepreneur qui s'est engagé à lui élever une maison constitue un droit mobilier.

HISTOIRE DU DROIT

I. — La précaire ecclésiastique avait des origines romaines.

II. — Les contrats *ex fide facta* étaient des contrats solennels.

III. — Le libre choix de la loi à laquelle on entendait être soumis n'existait pas dans l'empire franc.

DROIT INTERNATIONAL

I. — Le charbon n'est pas contrebande de guerre.

II. — Le caractère ennemi ou neutre d'une propriété privée se détermine par la nationalité du propriétaire.

DROIT CRIMINEL

I. — Les tribunaux français peuvent demander à un étranger, compte d'un acte commis sur le territoire français alors même que la justice de son pays a connu du fait délictieux.

II. — Le lieu de la détention n'est pas à lui seul attributif de compétence.

Vu par le doyen,
CH. BEUDANT.

Vu par le président de la thèse,
Signé : COLMET DE SANTERRE.

Vu et permis d'imprimer :
Le vice-recteur de l'Académie de Paris,
GRÉARD.

TABLE DES MATIÈRES

6750. — Tours, im. Rouillé-Ladevèze, rue Chaude, 6.

www.ingramcontent.com/pod-product-compliance
Ingram Content Group UK Ltd.
Pitfield, Milton Keynes, MK11 3LW, UK
UKHW020144220726
13923UKWH00001B/359